V&R

BERATEN IN DER ARBEITSWELT

Herausgegeben von
Stefan Busse, Heidi Möller, Silja Kotte und Olaf Geramanis

Anna Mucha / Eckhard Rauchhaus

Beratung in Organisationen

Umgang mit Widerstand und Abwehrmechanismen

Vandenhoeck & Ruprecht

Bibliografische Information der Deutschen Nationalbibliothek:
Die Deutsche Nationalbibliothek verzeichnet diese Publikation in der
Deutschen Nationalbibliografie; detaillierte bibliografische Daten sind
im Internet über https://dnb.de abrufbar.

Umschlagabbildung: Vectomart/shutterstock.com

Satz: SchwabScantechnik, Göttingen
Druck und Bindung: ⊕ Hubert & Co. BuchPartner, Göttingen
Printed in the EU

Vandenhoeck & Ruprecht Verlage | www.vandenhoeck-ruprecht-verlage.com

ISSN 2625-6061
ISBN 978-3-525-40777-6

Inhalt

Zu dieser Buchreihe

Die Reihe wendet sich an erfahrene Berater/-innen, die Lust haben, scheinbar vertraute Positionen neu zu entdecken, neue Positionen kennenzulernen und die auch angeregt werden wollen, eigene zu beziehen. Wir denken aber auch an Kolleginnen und Kollegen in der Aus- und Weiterbildung, die neben dem Bedürfnis, sich Beratungsexpertise anzueignen, verfolgen wollen, was in der Community praktisch, theoretisch und diskursiv en vogue ist. Als weitere Zielgruppe haben wir mit dieser Reihe Beratungsforscher/-innen, die den Dialog mit einer theoretisch aufgeklärten Praxis und einer praxisaffinen Theorie verfolgen und mit gestalten wollen, im Blick.

Theoretische wie konzeptuelle Basics als auch aktuelle Trends werden pointiert, kompakt, aber auch kritisch und kontrovers dargestellt und besprochen. Komprimierende Darstellungen »verstreuten« Wissens als auch theoretische wie konzeptuelle Weiterentwicklungen von Beratungsansätzen sollen hier Platz haben. Die Bände wollen auf je rund 90 Seiten den Leser/-innen, die Option eröffnen, sich mit den Themen intensiver vertraut zu machen als dies bei der Lektüre kleinerer Formate wie Zeitschriftenaufsätzen oder Hand- oder Lehrbuchartikeln möglich ist.

Die Autorinnen und Autoren der Reihe werden Themen bearbeiten, die sie aktuell selbst beschäftigen und umtreiben, die aber auch in der Beratungscommunity Virulenz haben und Aufmerksamkeit finden. So werden die Texte nicht einfach abgehangenes Beratungswissen nochmals offerieren und aufbereiten, sondern sich an den vordersten Linien aktueller und brisanter Themen und Fragestellungen von

Beratung in der Arbeitswelt bewegen. Der gemeinsame Fokus liegt dabei auf einer handwerklich fundierten, theoretisch verankerten und gesellschaftlich verantwortlichen Beratung. Die Reihe versteht sich dabei als methoden- und Schulen übergreifend, in der nicht einzelne Positionen prämiert werden, sondern zu einem transdisziplinären und interprofessionellen Dialog in der Beratungsszene anregt wird.

Wir laden Sie als Leserinnen und Leser dazu ein, sich von der Themenauswahl und der kompakten Qualität der Texte für Ihren Arbeitsalltag in den Feldern Supervision, Coaching und Organisationsberatung inspirieren zu lassen.

Stefan Busse, Heidi Möller, Silja Kotte und Olaf Geramanis

Vorwort

Abwehrmechanismen sind automatisierte unbewusste Lösungsstrategien, die dazu dienen, das Bewusstsein vor Angst, Schmerz und inneren Konflikten zu schützen. Wenn man um sie weiß, werden so manch irritierender Prozess, vermeintlich unerklärliche Situationen und Dynamiken, Missverständnisse und Reibungsverluste in Organisationen und im Rahmen der organisationalen Beratung verstehbarer. Abwehrmechanismen sind eigentlich Schutzmechanismen: *Unbewusst eingesetzt* schützen sie die Psyche vor Angst und Überforderung und halten sie im Gleichgewicht. Angst und Überforderung sind in unserem Leben allgegenwärtig und analog dazu sind auch die Abwehrmechanismen ein ubiquitäres Phänomen. Jeder Mensch setzt sie ein, ein »Leben ohne Abwehrmechanismen ist nicht denkbar« (König, 2007, S. 11). Das gilt privat ebenso wie für den beruflichen Kontext. »Man hat Arbeitskräfte gerufen und es kommen Menschen«, ist ein bekanntes Zitat von Max Frisch (1967, S. 100). In Organisationen arbeiten Menschen, die sich selbst mitbringen – ihre Stärken und Schwächen, ihre Kompetenzen und ihre ganz persönliche Geschichte, ihre Ängste und ihre Abwehrstruktur. Gleichzeitig schüren Organisationen selbst Ängste und bieten dafür – wie wir später sehen werden – spezifische Abwehrmöglichkeiten an (Beumer, 2011).

Abwehrmechanismen werden für das Innere umso wichtiger, je gefährlicher sich die äußere Welt anfühlt. Die Geschwindigkeit, mit der sich Unternehmen und Betriebe wandeln, nimmt ständig zu: Mit dem Schlagwort der *VUCA-Welt* wird beschrieben, dass die Rahmenbedingungen von Volatilität *(Volatility)*, Unsicherheit *(Uncertainty)*, Komplexität *(Complexity)* und Ambiguität *(Ambiguity)* gekennzeichnet sind (Brückner u. von Ameln, 2016). Treiber dieser Entwicklung sind z. B. demographischer Wandel, Globalisierung und Digitalisierung – bzw. »digitale Transformation« (Krapf, 2019), ein Begriff, mit dem die Wucht der Veränderungen noch einmal unterstrichen wird. Gleichzeitig steigen die Anforderungen an die Beschäftigten. Galt es früher, Arbeitsvorgänge zu objektivieren, wird *Subjektivität* heute als Ressource betrachtet: Arbeitnehmer*innen sollen ihr Engagement und ihre Kreativität einbringen und hochidentifiziert mit ihren Arbeitszielen sein. Das bedeutet im besten Fall Selbstverwirklichung (Sauer, 2012), vor allem jedoch einen hohen Erwartungsdruck, so dass »Entfaltung und Gefährdung, erweiterte Selbstbestimmung und internalisierte Selbst-Beherrschung […] nah beieinander [liegen]« (S. 11; vgl. auch Jansen 2000; Haubl & Voß, 2009).

All diese neuen Anforderungen können Unsicherheiten auslösen. Schneller Wandel kann Ängste schüren und die sicher geglaubte Identität brüchig werden lassen. Sich auf Neues einzulassen und zu lernen, erfordert Ambiguitäts- oder Frustrationstoleranz. Rückschläge und Risiken müssen emotional ausbalanciert und die Unsicherheit, ob die Aneignung gelingt, ausgehalten werden. Über die dafür notwendige Selbststeuerung und ein lern- und entwicklungsförderliches Selbstkonzept – im Sinne der »mentalen Modelle, die Lernende von sich selbst haben« (Finkenzeller & Riemer 2013, S. 10) – verfügen Menschen in unterschiedlichem Maße. Nicht jedes Selbstbild trägt gleich gut zum Erfolg in ungewissen Lern- und Entwicklungsumgebungen bei (Moschner & Dickhäuser, 2010; Markus, 1983): Bereitschaft und Zutrauen, souverän unter unsicheren, komplexen Bedingungen agieren zu können, sind ungleich verteilt.

Schüler*innen und Studierende zeigen Stärke beim Umgang mit Herausforderungen besonders dann, wenn sie komplexen Anforderungen und Ambiguität innere Stabilität und ein tief verankertes Vertrauen in das eigene Leistungsvermögen entgegensetzen können. Studierende dagegen, die diese Disposition nicht biographisch erworben haben, verlassen in solchen Momenten ihre Komfortzone (Bremer & Bittlingmayer, 2008). Im Zuge des immer schnelleren organisationalen Wandels und der Anforderung des lebenslangen Lernens werden Menschen jeden Alters in Organisationen wieder zu Schüler*innen und Studierenden. Der Einsatz von Abwehrmechanismen – als Antwort des Selbst auf Angst und Überforderung – kann hier ganz besonders wichtig werden. Berufliche Veränderungen – seien es agile Entwicklungen in der Arbeitsumgebung, die Einführung eines neuen IT-Systems, Jobwechsel oder ein Aufstieg in der Hierarchie – verlangen dem Selbst etwas ab. Die Führungsrolle anzunehmen und auszufüllen, zum eigenen Stil zu finden und sich dabei – auch und gerade persönlich – weiterzuentwickeln, kann Menschen an ihre Grenzen bringen. Von daher spielen Widerstand und Abwehrmechanismen nicht nur bei der Begleitung von Change-Prozessen, sondern auch und gerade im Führungskräftecoaching eine ausschlaggebende Rolle.

Im vorliegenden Band wollen wir die Bedeutung des Konzepts *Widerstand* und damit einhergehender *Abwehrmechanismen* theoretisch reflektieren und anhand von Schlüsselsituationen der Beratung und Personalarbeit für Coaches, Supervisor*innen und Personalverantwortliche darstellen. Dabei nehmen wir sowohl individuelle Abwehrmechanismen als auch kollektive Muster der Abwehr in den Fokus, die eng mit organisationskulturellen Aspekten verknüpft sind (Möller et al., 2015). Die Phänomene Abwehr und Widerstand können in der Beratung auf mehrfache Weise relevant und die entsprechende Kompetenz mit denselben umzugehen bedeutsam werden. Beispiele sind:

► Der oder die Klient*in berichtet von Situationen, in denen sich Vorgesetzte, Mitarbeiter*innen oder Kolleg*innen so verhalten, dass sich der Gedanke an Abwehrmechanismen nahelegt. Dann ist es für Berater*innen hilfreich, dies erkennen bzw. als Hypothese formulieren und einordnen zu können. Zudem kann es je nach Anliegen sinnvoll sein, Klient*innen das Konzept der Abwehr zu vermitteln, für ihr eigenes (Führungs-)Handeln fruchtbar zu machen und als Perspektive anzubieten bzw. auf Basis dieser Perspektive gemeinsam weiterzudenken.

▶ Der oder die Berater*in gewinnt durch Zuhören und Nachfragen den Eindruck, dass der oder die Klient*in bestimmte Inhalte abwehrt. Dann gilt es, mit dieser möglichen Abwehr konstruktiv umzugehen, sie als Hypothese im Kopf zu behalten, wenn möglich das Gefühl hinter der Abwehr zu adressieren und ggf. gleich oder zu einem späteren Zeitpunkt zu eruieren, inwiefern der Eindruck der Abwehr mit dem oder der Coachee besprochen werden kann.

▶ Der oder die Berater*in sieht sich, z. B. im Rahmen eines Organisationsentwicklungsprozesses, eines Workshops etc. mit Widerstand und vermeintlichen Abwehrmechanismen von Organisationsmitgliedern bzw. Teilnehmer*innen konfrontiert. Dann gilt es, mit dieser Abwehr konstruktiv und ggf. strategisch umzugehen. Das bedeutet – je nach Situation und Auftrag – das Gefühl hinter der Abwehr zu adressieren und die Gruppe zu schützen. Zudem ist es im Rahmen der Organisationsentwicklung bedeutsam, kollektive Abwehrmuster in den Blick zu nehmen.

Wenn wir uns in diesem Band mit dem Phänomen der Abwehrmechanismen beschäftigen, legen wir den Fokus damit auf die unbewusste Regulation von Angst und Überforderung und nehmen eine spezifische Perspektive ein – frei nach dem Motto, dass man »in Organisationen immer das [sieht], was die Brille des eigenen Forschungsparadigmas nahelegt« (Küpper & Felsch, 2000, S. 153). Dass Abwehrmechanismen allgegenwärtig sind, bedeutet natürlich nicht, dass jedes Verhalten, das wir an anderen irritierend, überraschend oder ärgerlich finden, auf einen Abwehrvorgang hindeuten muss. Ziel des vorliegenden Bandes ist es, die Sensibilität für die Abwehr zu schärfen. Die Abwehrmechanismen sollen für die organisationale Beratung fruchtbar gemacht und Berater*innen, Personaler*innen, Führungskräften und Beschäftigten das Erkennen von Abwehrmechanismen und der konstruktive Umgang mit ihnen erleichtert werden. Dabei steht besonders die Angstreduktion der abwehrenden Person oder Gruppe im Fokus. Optimalerweise tragen Beratungsformen wie das Coaching zur Abmilderung bzw. positiven Veränderung der Abwehr bei (Möller et al., 2015) – aber dazu später mehr.

In *Kapitel 1* beschreiben wir die Phänomene Widerstand und Abwehrmechanismen zunächst auf der konzeptionellen Ebene. Wir fundieren die beiden in der psychoanalytischen Theorie geprägten Begriffe und zeigen, welche produktiven Funktionen Widerstand und Abwehrmechanismen übernehmen. Wir stellen dar, wie allgegenwärtig, notwendig und alltäglich Widerstand und Abwehr sind – nicht nur im therapeutischen Feld, aus dem ein Großteil der Abwehrliteratur stammt, sondern auch und gerade im beruflichen Kontext. Der Begriff des Widerstands wird im Zusammenhang mit Change-Prozessen vielfach verwendet, Abwehrmechanismen dagegen sind unter Berater*innen, Führungskräften und Personaler*innen unserer Erfahrung nach weniger bekannt.

In *Kapitel 2* stellen wir klassische Abwehrmechanismen vor und illustrieren sie an Beispielen aus dem organisationalen Alltag und der Coachingpraxis. Abwehrmechanismen sind eine Deutungskategorie: Sie müssen interpretativ und aus dem Kontext heraus erschlossen werden. Ziel des Kapitels ist es, einen Überblick über die bunte Palette möglicher Abwehrmechanismen zu bieten, die zwar alle dasselbe Ziel verfolgen – sie schützen das Selbst vor negativen Empfindungen und psychischem Ungleichgewicht – in ihrer Gestalt jedoch unsystematisch und vielfältig daherkommen. Indem wir eine möglichst große Varianz an Abwehrmechanismen beschreiben, wollen wir eine breite Heuristik anbieten, die ein (Wieder-)Erkennen der verschiedenen Mechanismen im Arbeitsalltag von Führungskräften, Personaler*innen und Coaches ermöglicht.

In *Kapitel 3* betrachten wir die kollektive bzw. die institutionalisierte Abwehr. Abwehr findet nicht nur individuell und intrapsychisch statt, sondern auch im Bezug aufeinander und kulturell verankert: Teams, Abteilungen und ganze Organisationen wehren ab. Für die Beratung und die Begleitung von Veränderungsprozessen ist dies besonders bedeutsam: Aus der Abwehrperspektive kann verstehbar werden, warum sich bestimmte *irrationale* Praxen und Verhaltensweisen in Organisationen ewig halten und vermeintlich überkommene Institutionen bis aufs Blut verteidigt werden. Gleichzeitig kann die Abwehrperspektive Hinweise auf Rahmenbedingungen und Ressourcen geben, die notwendig wären, um Energie, die bislang in Abwehrprozessen gebunden wird, freizusetzen.

In *Kapitel 4* widmen wir uns zunächst der Frage, woran man Abwehr im Beratungs-, Personalarbeits- und Führungsalltag erkennen kann bzw. was Hinweise darauf sein können, dass es sich bei vermeintlich *normalem,* bewusstem Verhalten in Wirklichkeit um das sichtbare Moment eines unbewussten Abwehrmechanismus handelt. Diese Frage ist nicht trivial, da sich Abwehr in der Regel gut tarnt: Alles, was ein Abwehrmechanismus sein kann, könnte auch *real* stattfinden. Daran anschließend stellen wir einige Überlegungen zu einem konstruktiven Umgang mit der Abwehr an, wobei im Mittelpunkt steht, die Abwehr in ihrer Funktion zu begreifen und die Gefühle und Empfindungen *hinter* der Abwehr – Angst und Überforderung – zu adressieren.

In *Kapitel 5* ziehen wir ein Fazit, in dem wir die Bedeutung der Abwehr*perspektive* noch einmal aufgreifen – und für die Nutzung der *eigenen* Abwehr als Sparringspartnerin und Lernfeld werben.

1 Widerstand und Abwehrmechanismen

Das Konzept der *Abwehrmechanismen* wurde Ende des 19. Jahrhunderts von Sigmund Freud im Kontext der therapeutischen Behandlung geprägt und später von Anna Freud in ihrem Werk »Das Ich und die Abwehrmechanismen« (2019/1936) erweitert und in eine systematische Theorie überführt. Damit stammt es aus der Psychoanalyse, ist jedoch längst auch außerhalb des psychoanalytischen Feldes von Bedeutung. Mentzos (2017) beschreibt die Abwehrmechanismen gar als »eine der fruchtbarsten und am meisten, auch außerhalb der Psychoanalyse, akzeptierten Teile der psychoanalytischen Theorie« (S. 45). Das hat nicht zuletzt damit zu tun, dass die unbewussten Abwehrmechanismen eben nicht nur in der Klinik bzw. im Rahmen psychiatrischer Diagnosen eine Rolle spielen, sondern überall im Alltag vorkommen, sowohl privat als auch im Arbeitsleben (Dejours, 2012). Abwehr bei sich selbst und bei anderen zu (er)kennen – und »zu verstehen, weshalb man selbst bestimmte Abwehrmechanismen in einer bestimmten Situation einsetzt und weshalb andere das tun« – kann dabei helfen, schwierige Situationen zu entwirren und klarer zu sehen (König, 2007, S. 9). Die Abwehrmechanismen finden hauptsächlich *intrapsychisch* statt und laufen automatisch ab – daher der Begriff *Mechanismen*. Sie umfassen »Prozesse, die gegen Schmerz, Gefahr, negative Affekte schützen und die Emotionen so herunterregulieren, dass sie durch das Individuum handhabbar werden« (Seiffge-Krenke, 2017, S. 16).

Eng verbunden mit dem Konzept der Abwehrmechanismen ist der Begriff des *Widerstands*. Widerstand findet ebenso wie Abwehr unbewusst statt und kann als *innere Ablehnung* eines Inhalts oder eines Prozesses verstanden werden. Der Widerstand ist der Teil in uns, der sich ganz grundsätzlich gegen Wandel sträubt, weil wir uns von ihm bedroht fühlen: Er verteidigt »das Alte, das Infantile, das Vertraute gegen Aufdeckung und Veränderung« (Seiffge-Krenke, 2017, S. 16). Im Interaktionskontext zwischen Therapeut*in und Patient*in äußert sich der Widerstand z.B. in Form von Zuspätkommen und Müdewerden und kann recht einfach beobachtet werden (Ehlers, 2014). Die Abwehrmechanismen können als das *Funktionsprinzip* verstanden werden, das dem Widerstand zugrunde liegt (Küchenhoff, 2014). Sie sind der unbewusste *intrapsychische Umgang* der sich im Widerstand befindenden Person mit den unangenehmen Empfindungen und Impulsen bzw. »die intrapsychische Bewältigung der Realangst« (Ehlers, 2014, S. 14).

1.1 Widerstand: Verteidiger des Gewohnten und Vertrauten

Für Sigmund Freud war Widerstand zunächst all das, was auf Seiten der Patient*innen die Bemühungen des Therapeuten erschwert: »Mit Widerstand bezeichnet man in der Psychoanalyse die unbewussten Kräfte, die sich gegen den Fortschritt der psychoanalytischen Behandlung richten« (Ermann, 2014, S. 1078). Damit verlangsamt der Widerstand zwar den therapeutischen Prozess, stellt aber zugleich einen wertvollen Schutz für die Patient*innen in der Therapie dar.

Die Wächterfunktion des Widerstands
im therapeutischen Kontext …

Der Widerstand hat eine *Wächterfunktion* (Habermann-Scotti et al., 2012, S. 3): Er bewahrt das Individuum davor, allzu schmerzhafte Gefühle und Konflikte, die erfolgreich ins Unbewusste verdrängt wurden, wieder bewusst werden zu lassen. Damit trägt er zur Stabilität des psychischen Gleichgewichts bei. Schließlich handelt es sich bei einem therapeutischen Prozess um einen Vorgang, der das innere System mit seinen Bewältigungsmustern so, wie es aktuell strukturiert ist, in Frage stellt, und damit zwangsläufig Ängste und Unsicherheiten erzeugt. Der Widerstand kann also als Weigerung der Patient*innen interpretiert werden, das Gleichgewicht und die Sicherheit zu gefährden, mit der sie aktuell in ihrem Alltag unterwegs sind. Der Widerstand erfolgt wie schon beschrieben *unbewusst* und kann sich etwa im Versäumen oder Zuspätkommen zur Therapiesitzung, Müdewerden, in Schweigen oder in ausweichenden Antworten ausdrücken; oder auch in Skepsis gegenüber dem therapeutischen Verfahren oder in der (unbewussten) Weigerung, »aus dem analytischen Prozess Erkenntnisse zu ziehen und diese im Leben umzusetzen« (Ermann, 2014, S. 1078). Wichtiger als die konkrete Form des Widerstands – die vielfältig sein kann – ist sein Zweck: Der Widerstand ist die unterbewusste Kraft, die wirkt, um das Gewohnte und Liebgewonnene, den *Status quo,* nicht in Frage stellen zu lassen.

… und im Kontext organisationaler Veränderungsprozesse

Dieses Phänomen treffen wir auch außerhalb des therapeutischen Kontexts an vielen Orten an. In Organisationen und Betrieben ist Widerstand – in unterschiedlicher Stärke – allgegenwärtig als Reaktion auf Neues und auf Veränderung – solange das innere System der Betroffenen mit dieser Veränderung noch nicht vertraut ist bzw. zu dieser Veränderung noch nicht bereit ist. Wenn Menschen mit neuen Anforderungen konfrontiert werden, kommt es zu Überraschung, Erschrecken und Überforderung, d. h. zu kleinen oder größeren Disbalancen und Ungleichgewichtszuständen zwischen dem inneren Erleben und den äußeren Anforderungen, die sich in Ablehnung äußern (Elrod, 1991).

> **Beispiel:** In der Wald GmbH, einem mittelständischen Unternehmen, wird ein neues IT-System eingeführt. Besonders die älteren Mitarbeiter*innen stehen der Neuerung skeptisch gegenüber, da für sie schon

das vorherige System eine große Umstellung bedeutet hat. Stöhnen und Augenrollen sind an der Tagesordnung. Rundmails zu den geplanten Schulungsterminen werden zunächst ignoriert. Nach und nach äußern einige Meinungsführer*innen Kritik am gesamten Verfahren und begründen damit ihre Nichtteilnahme – immer über den großen Verteiler und harsch im Ton. Die Anmeldungen zu den Schulungen laufen schleppend. Nur äußerst zögerlich und unter Protest tragen sich die Beschäftigten in die entsprechenden Listen ein. Diverse Mitarbeiter*innen verkünden mit spürbarer Genugtuung, eine Teilnahme zu keinem der geplanten Termine einrichten zu können. Die Online-Videos, die zur Vorbereitung auf die Schulungen erstellt wurden, werden kaum aufgerufen. Auch die Zahl der Krankmeldungen ist gestiegen. Hintergrund des *Widerstands* ist ein Unwohlsein der Beschäftigten angesichts der geplanten Veränderung. Sie sind (noch) nicht bereit, das Vertraute loszulassen und sich auf das Neue einzulassen.

Der Widerstand im Sinne des grundsätzlich ablehnenden Erlebens einer Situation, z. B. im Rahmen von Veränderung, ist im organisationalen Kontext bei den Beteiligten häufig gut wahrnehmbar – ebenso, wie es für den therapeutischen Kontext beschrieben wird. Auch die möglichen *Anzeichen* für Widerstand sind denen aus dem freudschen Therapiekontext ähnlich und werden im Rahmen von Organisationsentwicklung und Change-Management beobachtet und in der einschlägigen (Ratgeber-)Literatur aufgezählt: Etwa das wiederholte Zuspätkommen zu Team-Meetings, endlose Gespräche oder Mailwechsel über Nebenschauplätze, Schweigen, Energie- und Ideenlosigkeit, Desinteresse, hohe Fehlzeiten und Fluktuation (Doppler & Lauterburg, 2019).

Zugleich wird der Widerstand im organisationalen Kontext auch *produktiv* verstanden. Analog zum therapeutischen Feld, wo der Widerstand schon von Sigmund Freud als bedeutsam betrachtet wurde und sein Image als Informationsquelle »über das Timing und die Platzierung von Interventionen« seitdem sogar noch aufbessern konnte (Seiffge-Krenke, 2017, S. 22), herrscht eine solche Sichtweise (zumindest theoretisch) auch in der Change-Literatur vor. Postulierte Grundsätze wie »Mit dem Widerstand, nicht gegen ihn gehen« (z. B. Doppler & Lauterburg, 2019, S. 364) zeugen von dieser Erkenntnis und Haltung. Widerstand zwingt – ebenso, wie er den therapeutischen Prozess ins Stocken bringen kann – auch die Verantwortlichen Akteur*innen in Organisationen dazu, Pausen einzulegen, das Tempo zu drosseln, Gespräche zu führen und notfalls die Richtung zu korrigieren (Doppler & Lauterburg, 2019). So wird durch den Widerstand eine *Dosierung* der Veränderung möglich, so dass die vom Wandel Betroffenen innerlich Schritt halten und ihre Toleranzgrenzen nach und nach anpassen können. Widerstand hat in Organisationen also ebenso wie im therapeutischen Feld eine *Wächterfunktion,* die darüber Aufschluss geben kann, wo sich ein genaues Hinschauen lohnt und die Gefahr besteht, die Beschäftigten zu verlieren.

1.2 Abwehrmechanismen: Intrapsychischer Umgang mit unangenehmen Empfindungen

Der Einsatz von Abwehrmechanismen bedeutet nach Anna Freud »das Sträuben des Ichs gegen peinliche und unerträgliche Vorstellungen und Affekte« (2019/1936, S. 49). Die Abwehrmechanismen können als automatisierte innere Lösungsstrategien beschrieben werden, die dazu dienen, das Bewusstsein vor Angst, Schmerz und inneren Konflikten zu schützen und einen »Gleichgewichtszustand zwischen der inneren und der äußeren Welt (…), zwischen inneren und äußeren Anforderungen [zu schaffen]« (Anna Freud, zitiert nach Elrod, 1991, S. 1101). Eine Person, die sich im Widerstand befindet, setzt unbewusst Abwehrmechanismen ein, um sich unangenehme Empfindungen, die mit der Situation einhergehen, vom Leib zu halten.

Beispiel: Die Beschäftigten der Wald GmbH – so ist zu vermuten – wehren ihre inneren Konflikte und unangenehmen Gefühle auf vielfältige Art und Weise ab. Möglicherweise ignorieren sie die Rundmails gar nicht bewusst, sondern sie *verdrängen,* zumindest zeitweise, dass sie überhaupt entsprechende Mails und den Zugang zu Online-Videos erhalten haben – oder sie sind sich der Existenz der Mails, der Online-Videos und der gesamten Thematik zwar bewusst, *verleugnen* aber ihre Bedeutung. Die Kritik am Verfahren und die Probleme bei der Terminfindung mögen nicht (nur) das Ergebnis intensiver Überlegungen und voller Terminkalender, sondern (auch) eine *Rationalisierung* sein, mit Hilfe derer das eigene Fernbleiben von den Schulungen gerechtfertigt wird – obwohl dies eigentlich ganz andere, emotionale Gründe hat. Die (trotzige) Genugtuung angesichts der Terminfindungsschwierigkeiten und die hohe Zahl der Krankmeldungen lassen sich als unbewusste *regressive Tendenzen* deuten. (Eine ausführliche Darstellung der hier vorgeschlagenen Abwehrmechanismen findet sich in Kapitel 2).

Abwehrmechanismen als Schutz vor dem,
was nicht gefühlt werden soll

Während Sigmund Freud zunächst von Angst als alleinigem Auslöser für Abwehrmechanismen ausging, wurde diese Hypothese später auf weitere Gefühle und Affekte ausgedehnt. Gemeinsam ist ihnen, dass sie für die abwehrende Person unangenehm bzw. unakzeptabel sind und deshalb aus dem Bewusstsein ferngehalten werden müssen. König (2007) geht davon aus, dass die Möglichkeit, Abwehrmechanismen auszulösen, sogar für jede Art von Affekt und Befindlichkeiten gilt. Alles, was nicht gefühlt werden soll, kann zum unbewussten Einsatz von Abwehrmechanismen führen: Angst oder Unwohlsein ebenso wie innere Konflikte. Als wichtiger Auslöser für Abwehrmechanismen gilt auch das Gefühl der Scham, das eng mit dem Selbstbild und der inneren Integrität verknüpft ist.

Scham beschreibt »ein Gefühl der Wertlosigkeit, bei dem das Selbstgefühl und damit die Sicherheit der Identität zusammenbricht« (Kölling, 2004, S. 43). Dieses Gefühl kann im Arbeitskontext durch unterschiedliche Situationen ausgelöst werden: So kann für Führungskräfte z. B. die eigene Bedürftigkeit (qua Funktion besonders) schambesetzt sein, für andere Personen wiederum ist Aggression mit Schamgefühlen verknüpft. Ganz grundsätzlich ist es schamkritisch, das Selbst nicht mit dem Ich-Ideal in Einklang bringen zu können – wir schämen uns dann dafür, dass wir der Wunschvorstellung, die wir von uns selbst haben, nicht gerecht werden (Hilgers, 2012). Der Arbeitskontext ist mit seinen Ansprüchen an Selbstoptimierung und der allgegenwärtigen Erwartung eines flexiblen, agilen Umgangs mit Wandel für ein solches Erleben prädestiniert. Es ist anzunehmen, dass Scham als Hintergrund von Abwehrmechanismen im beruflichen Alltag eine bedeutende Rolle spielt. Marks (2005) beschreibt für Lehrer*innen den Gebrauch einer überkomplexen, abstrakten Sprache, um sich vor Scham zu schützen – eine Darstellung, die dem Abwehrmechanismus des *Intellektualisierens* (Kapitel 2.10) entspricht. Kölling (2004) benennt vor dem Hintergrund, dass die Scham selbst gesellschaftlich zunehmend zum beschämenden Moment wird, so genannte *Teufelskreise der Scham* und verdeutlicht eindrücklich die Bedeutung von Schamkonflikten für das Coaching von Führungskräften.

Auch wenn der Begriff der *Abwehr*mechanismen darüber hinwegtäuschen kann, handelt es sich im Kern um *Schutz*mechanismen des Selbst. Abgewehrt wird, was uns bedroht. Innere Konflikte werden reduziert und das Selbst(-konzept) vor allzu großer bzw. in diesem Moment nicht bewältigbarer Erschütterung bewahrt. Dort, wo innere Disbalance und Überforderung drohen, springt das Unterbewusstsein rettend ein und boxt die Konflikte beherzt nieder, bevor sie überhaupt ins Bewusstsein gelangen können. Dabei löst der Einsatz von Abwehrmechanismen zwar nicht das ursprüngliche Problem (d. h., die Ursachen der Angst bzw. der unangenehmen Gefühle werden nicht beseitigt), schützt jedoch vor dem *Überflutetwerden* und dem *Fühlenmüssen* im Hier und Jetzt und leistet damit situativ einen überaus wertvollen Beitrag.

Das **Selbstkonzept** ist das Wissen einer Person über ihre Eigenschaften und Fähigkeiten, Vorlieben und Gefühle sowie ihr Verhalten. Es ist ein subjektives mentales Modell, das von anderen nicht unbedingt geteilt werden muss (Mummendey, 2006; Schütz & Sellin, 2003). Das globale, vollständige Selbstkonzept Erwachsener gilt als recht stabil, die einzelnen Subschemata sind jedoch veränderbar, und zwar umso leichter, je niedriger sie hierarchisch angesiedelt und je weniger erfahrungsgesättigt sie sind (Vincent & Janneck, 2012). Selbstbilder werden nicht autark, sondern immer (auch) in sozialen Kontexten und in der Interaktion entwickelt und verändert, z. B. durch Rückmeldung und Vergleich (Abels & König, 2010; Krappmann, 2005). Das Ringen um (Teil-)Identitäten findet dabei nicht im machtfreien Raum statt, sondern wird von Hierarchien, kulturellen Setzungen und normativen Übereinkünften mitbestimmt (Straus & Höfer, 1997). In der Folge können einige Selbstentwürfe nur mit großer Mühe verteidigt werden, weil das Umfeld sie erschwert, während es andere Selbstbilder (ggf. mit Nachdruck) nahelegt (Keupp, 1997).

Vielfalt und Tarnung der Abwehrmechanismen

Die Abwehr kann auf viele unterschiedliche Arten geschehen: Die Liste der beschriebenen Mechanismen ist lang und variiert zwischen den Autor*innen. Anna Freud beschreibt in ihrem Werk »Das Ich und die Abwehrmechanismen« (1936/2019) vierzehn Mechanismen. Bei Vaillant (1977) sind es achtzehn Abwehrmechanismen, König (2007) beschreibt vierundzwanzig. Bibring et al. (1961) kommen sogar auf sechsundzwanzig einfache und neunzehn zusammengesetzte Abwehrmechanismen. Die Hauptmechanismen finden sich jedoch – auch wenn sie unterschiedlich systematisiert, geteilt oder zusammengefasst werden – in allen Darstellungen wieder: Verdrängung, Verleugnung, Verschiebung, Rationalisierung, Projektion, Reaktionsbildung, Wendung gegen das Selbst, Regression, Isolierung vom Affekt und einige andere mehr. Einzelne Mechanismen – etwa die *Identifikation mit dem Aggressor* – haben es zu großer Bekanntheit gebracht, andere, etwa die *Verdrängung,* sind im alltäglichen Sprachgebrauch allgegenwärtig. In ihrer Funktion verhalten sich die Abwehrmechanismen – so unterschiedlich sie in konkreten Situationen daherkommen – alle gleich. Sie dienen der Abwehr von Angst und anderen unangenehmen Gefühlen und unakzeptablen Affekten im Sinne der psychischen Stabilität und der inneren Balance.

Und noch eine andere Sache ist den Abwehrmechanismen gemein: Die jeweils beobachtbaren Verhaltensweisen, die mit den unbewusst ablaufenden Abwehrmechanismen einhergehen, sind zwar so unterschiedlich wie die Abwehrmechanismen selbst – sie sind jedoch allesamt *nicht eindeutig als Abwehr zu erkennen.* Abwehr ist eine Deutungskategorie. Zu dem Verhalten, das im Rahmen der Abwehr aus unbewusstem Antrieb stattfindet, gibt es auch eine bewusste Entsprechung. Um im Beispiel der Beschäftigten der Wald GmbH zu bleiben: Es ist nicht ad hoc zu entscheiden, ob die Beschäftigten ihre Mails und die Videos (bewusst) ignorieren oder (unbewusst im Rahmen von Abwehr) *verdrängen.* Und es ist auch nicht klar, ob die geäußerten Schwierigkeiten bei der Terminfindung und die Kritik überlegt und reflektiert vorgetragen werden oder ob sie (unbewusst) dadurch motiviert sind, eine Auseinandersetzung mit den emotionalen Gründen, nicht an der Schulung teilnehmen zu wollen, zu umgehen. Der Fakt, dass am Ende »alles zu Abwehrzwecken eingesetzt werden [kann]« (König, 2007, S. 15), lässt einen großen Interpretationsspielraum. Und ein Kennzeichen von Abwehr ist es immer, dass sie mimikryartig getarnt erscheint, da das Ich es »ab[lehnt], seine Abwehrmechanismen beeinflussen zu lassen« (Ehlers, 2014, S. 15): Es existiert ein *Widerstand* gegen die Enttarnung von Abwehr, der – wenn es trotzdem versucht wird – von *Abwehrmechanismen* begleitet wird. So bleibt die Abwehr eine Hypothese und es ist ein interpretativer Akt zu entscheiden, ob es sich bei dem beobachteten Verhalten um einen Abwehrmechanismus oder um *Realität* handelt (Möller et al., 2015).

1.3 Abwehrmechanismen zwischen Pathologie und Anpassungsleistung

Der Einsatz von Abwehrmechanismen ist zunächst nicht pathologisch, sondern *normal und ubiquitär.* Jeder Mensch wehrt ab – nicht nur dann, wenn Schwächen in anderen Ich-Funktionen, z. B. eine gering ausgeprägte Angst-, Frustrations- oder Ambiguitätstoleranz, kompensiert werden müssen. Die Abwehrkonfiguration im Sinne der zum Einsatz kommenden Abwehrmechanismen einer Person ist individuell und persönlichkeitsabhängig. Zwar lassen sich Muster entdecken, z. B. Zusammenhänge zwischen Strukturkategorien wie dem Geschlecht und spezifischen Abwehrformen: Männer scheinen eher als Frauen zur Wendung gegen das Objekt – also z. B. zu Projektion, Entwertung oder Verschiebung – zu tendieren (Cramer, 2006). Und die Tiefenpsychologie unterscheidet zu diagnostischen Zwecken verschiedene Persönlichkeitsstile (etwa die *altruistisch-depressive,* die *abhängige* oder die *zwanghafte* Neurosendisposition), denen *typische* Abwehrmechanismen zugeordnet werden. Im Kontext organisationaler Beratung ist jedoch nicht die Diagnose von Abwehrmechanismen erheblich, sondern diese als solche zu erkennen, um konstruktiv mit ihnen umgehen zu können.

Wissenswert für die organisationale Beratungspraxis ist, dass wir es mit Unterschieden in der Realitätswahrnehmung und den Möglichkeiten zur sozialen Interaktion zu tun haben, je nachdem, auf welchem Strukturniveau eine Person in ihrem Abwehrverhalten zu verorten ist.

> Mit dem **Strukturniveau** einer Person im psychoanalytischen Sinne ist – allgemein gesagt – ihre psychische Konstitution gemeint. Verantwortlich dafür sind vor allem Erfahrungen in der (frühen) Kindheit. Je höher das Strukturniveau, desto belastbarer, widerstandsfähiger und weniger vulnerabel ist eine Person. Das Strukturniveau wird in sechs Dimensionen unterteilt (Selbstwahrnehmung, Selbststeuerung, Abwehr, Objektwahrnehmung, Kommunikation und Bindung). Die Abwehr im Sinne der eingesetzten Abwehr*mechanismen* und ihrer *Flexibilität* ist eines der Kriterien für das Strukturniveau einer Person (eine interessante Analyse zum Zusammenhang von Strukturniveau und dem Umgang mit der Corona-Situation mittels Progression vs. Regression liefert Jungclaussen (2020)).

Eine *gute* bzw. *reife* Abwehr (also eine Abwehr auf einem hohen Strukturniveau) zeichnet sich dadurch aus, dass sie die Realitätswahrnehmung und die Beziehungen der abwehrenden Person möglichst wenig beeinträchtigt. Mechanismen wie *Verdrängung*[1] (2.1), *Verschiebung* (2.6), *Rationalisierung* (2.3) und *Intellektualisierung* (2.10) gelten als reife Mechanismen, da sie rein intrapsychisch stattfinden und eine gute Realitätswahrnehmung ermöglichen. Dem mittleren Integra-

---

1   Zur Verdeutlichung des hohen Strukturniveaus der Verdrängung bemerkt Anna Freud, dass der Einsatz dieses Abwehrmechanismus das Vorhandensein einer gewissen Persönlichkeitsstruktur voraussetzt: »Wenn man das Haus noch nicht gebaut hat, kann man auch niemand hinauswerfen« (Anna Freud im Gespräch, zitiert nach Elrod, 1991, S. 1114).

tionsniveau werden Mechanismen wie *Verleugnung* (2.2), *Wendung gegen das Selbst* (2.5), *Reaktionsbildung* (2.8), *Isolierung* (2.11) und *Projektion* (2.4) zugeordnet. Beispiele für ein geringes Strukturniveau sind Mechanismen wie die *projektive Identifizierung* (2.4), *Idealisierung* (2.13) und *Entwertung* (2.13) (Arbeitskreis OPD, 2014). Mentzos (2017) schlägt anstelle der Bestimmung von Strukturniveaus vor, die *Kosten* eines Abwehrmechanismus als Indikator für *Reife* oder *Unreife* heranzuziehen (S. 45): »Welche Art und welches Ausmaß von Nachteilen sind es, die für diese Abwehr – um die intrapsychische Spannung zu reduzieren und dadurch Angst, Scham, Schuld etc. zu mildern – in Kauf genommen werden müssen?« Insbesondere bei einem geringen *Reifegrad* der unbewusst eingesetzten Mechanismen kann Abwehr dysfunktional sein, da sie die Realitätsprüfung, angemessene Entscheidungen und die soziale Interaktion erschwert.

Die Rigidität der Abwehrmechanismen

Neben der Auswahl der Abwehrmechanismen ist es unter Reife-Gesichtspunkten bedeutsam, in welcher Ausprägung bzw. wie rigide ein Abwehrmechanismus eingesetzt wird. So kann etwa die Projektion in ihrem stärksten Ausmaß einen Verfolgungswahn darstellen *(psychotische Projektion),* weil eigene verdrängte aggressive Impulse so heftig auf die Umgebung projiziert werden, dass diese als sehr bedrohlich erscheint (Mentzos, 2017). Dies ist sicherlich kein ubiquitäres Phänomen im Mitarbeitergespräch, und wenn doch, bleibt zu hoffen, dass professionelle Hilfe vermittelt werden kann. Situativ und in stark abgeschwächter Form ist die Projektion jedoch nichts Ungewöhnliches und die meisten von uns haben kleine Projektionsmomente vermutlich schon bei sich selbst und bei anderen erlebt. Und es ist ein Mehrwert, wenn projektive Tendenzen als solche – und somit als Abwehr – erkannt werden und nicht für bare Münze genommen werden müssen. Grundsätzlich gilt: »Ist die Abwehr sehr stark und rigide, d. h. werden beim Auftauchen von Spannungen sofort und in starrer, eingeengter Weise [Abwehrmechanismen] mobilisiert und richten sie sich gegen Entfaltungsmöglichkeiten, die für die Selbstverwirklichung wesentlich sind, dann müssen wir von pathologischer Abwehr sprechen« (Harsch, 1973, S. 127). Umgekehrt kann es auch einer krisenhaften Situation geschuldet sein, dass Menschen auf Abwehrmechanismen zurückgreifen, die sie in stabileren Lebenslagen nicht bräuchten.

Während rigide Abwehr auf niedrigstem Strukturniveau von klinischer Relevanz ist, grenzt Abwehr auf dem höchsten Strukturniveau an das Coping an bzw. weist – je nach Konzeptualisierung (vgl. Mentzos, 2017) – sogar eine Schnittmenge mit Copingprozessen auf. Es ist davon auszugehen, dass die Abwehrstruktur einer Person auch in die Wahl ihrer bewussten Bewältigungsstrategien hineinwirkt und dass Abwehrmechanismen und Copingprozesse gerade in krisenhaften Situationen Hand in Hand arbeiten (König, 2007).

Abwehrmechanismen und **Copingprozessen** ist gemeinsam, dass sie auf Entlastung und Konfliktreduktion abzielen. Sie helfen dabei, das Selbstkonzept bruchlos zu halten und in der Balance zu bleiben. Die beiden Konzepte stammen aus unterschiedlichen theoretischen Richtungen: Während die Abwehrmechanismen ihren Ursprung in der Psychoanalyse haben, ist die Copingtheorie im Kontext der Stressforschung entstanden und in ihrer theoretischen Fundierung heterogen (Beutel, 1990). Die trennscharfe Abgrenzung zwischen Abwehr und Coping ist schwierig, da einige Coping-Strategien (z.B. die Verleugnung) aus der psychoanalytischen Abwehrtheorie stammen. So verzichten vereinzelte Autor*innen (z.B. Cohen u. Lazarus, 1980) komplett auf die Unterscheidung und subsummieren die Abwehrmechanismen stattdessen unter *intrapsychischem Coping*. Als Abgrenzungskriterium eignet sich jedoch das Maß an Bewusstheit: Coping findet bewusst-erlebend, die automatisierten Abwehrmechanismen finden (eher) unbewusst statt (Beutel, 1990).

So kann etwa die unbewusste *Verschiebung* (Kapitel 2.6), bei der ein Impuls so verschoben wird, dass ein größerer Konflikt um den Preis eines kleineren vermieden werden kann, auch bewusst stattfinden: »Man fühlt sich nicht in der Lage, einen wichtigen Konflikt auszutragen, und versucht dem anderen dadurch zu schaden, dass man ihn wegen einer Angelegenheit kritisiert, bei der man sicher sein kann, Recht zu behalten« (König, 2007, S. 27). Ebenso ist es bei der Reaktionsbildung: Dienstleister*innen verhalten sich bewusst ganz besonders höflich, wenn sie mit unfreundlichen oder ihnen unsympathischen Kund*innen zu tun haben – um die negativen Gefühle keinesfalls durchscheinen zu lassen. Diese Lesart passt zum Konzept der Emotionsarbeit (Hochschild, 2006; Rastetter, 2008), das beschreibt, wie Gefühle im Sinne organisationaler Erfordernisse reguliert und dargestellt werden (müssen). Dienstleister*innen sind davon besonders betroffen und es hängt von der jeweiligen Organisationskultur ab, welche Gefühle erwünscht sind (Neuberger 2006). Eine Hauptaufgabe besteht jedoch fast immer darin, negative Gefühle zu verbergen bzw. zu überspielen (Brotheridge & Grandey, 2002). Hierfür ist umso mehr bewusster Einsatz nötig, je devianter sich Kund*innen verhalten. Diese Strategie kann als eine Form emotionalen Copings verstanden werden (Rastetter, 2008; Mucha, 2016).

Sind die Abwehrmechanismen immer unbewusst?

Ursprünglich wurden die Abwehrmechanismen im psychoanalytischen Kontext als ein rein unbewusstes Phänomen entworfen. Diesbezüglich ist die Meinung heute nicht mehr einheitlich. Zwar wird nach wie vor davon ausgegangen, dass Abwehr auf einer *eher* unbewussten Ebene stattfindet, das heißt jedoch nicht, dass sie dem Individuum gar nicht zugänglich werden kann. Lazarus und Folkman (1984) etwa sind der Meinung, dass es durchaus eine bewusste Dimension im Rahmen der Abwehrvorgänge gibt und Benjamin (1995) nimmt an, dass auch frühe Abwehrmechanismen später der Reflexion zugänglich werden können. In der therapeutischen Behandlung ist es nicht unüblich, Abwehrvorgänge zu benennen in der Annahme, sie könnten auf der bewussten bzw. vorbewussten Ebene *ankommen* (Seiffge-Krenke, 2017). Auch Mertens (1997) verortet die Abwehrmechanismen zwar prinzipiell im Unbewussten, hält die Bewusstwerdung und Reflexion jedoch für möglich: »[E]ine Person weiß auch nicht, daß in bestimmten Situationen ein Abwehrmechanismus in ihr gewirkt hat. Sie kann aber von anderen Personen auf Lücken oder inadäquate Reaktionen in ihren Handlungen aufmerksam gemacht werden und/oder sie kann im Vergleich mit anderen Menschen bemerken, daß sie in bestimmten Situationen in ihrem Erleben und in ihren Handlungen eingeschränkt ist« (S. 64). Letztlich gehen wir davon aus, dass Abwehrmechanismen zwar *überwiegend* unbewusst stattfinden. Sie sind dem Bewusstsein aber nicht grundsätzlich unzugänglich bzw. können sich nah an der Bewusstseinskante bewegen.

2 Abwehrmechanismen in der Organisation

Nachdem einzelne Abwehrmechanismen in den vorherigen Kapiteln bereits aufgetaucht sind, wollen wir sie uns in diesem Kapitel genauer ansehen und mit teilfiktionalen Beispielen aus dem organisationalen Kontext und der Beratungspraxis illustrieren. Wie oben schon beschrieben, variiert die Anzahl der Abwehrmechanismen je nach Quelle. Wir wollen uns hier auf die *klassischen* Abwehrmechanismen konzentrieren und uns gar nicht erst an einer vollständigen Darstellung versuchen. Das Ziel besteht dennoch darin, eine möglichst große Varianz an Mechanismen aufzeigen. Im Einzelnen beschreiben wir die Abwehrmechanismen Verdrängung [2.1], Verleugnung [2.2], Rationalisierung [2.3], Projektion, projektive Identifizierung und altruistische Abtretung [2.4], Wendung gegen das Selbst [2.5], Verschiebung [2.6], Regression und Progression [2.7], Reaktionsbildung [2.8], Identifikation mit dem Angreifer [2.9], Intellektualisieren [2.10], Isolierung vom Affekt und Isolierung aus dem Zusammenhang [2.11], Magisches Denken und Ungeschehenmachen [2.12], Idealisierung und Entwertung [2.13] sowie Ausagieren [2.14].

Die Beschreibung und die beispielhafte Illustration der einzelnen Mechanismen sollen dazu dienen, diese Mechanismen im Moment ihres Auftretens im organisationalen Kontext oder im Beratungskontext als solche *erkennen* zu können – bzw. das entsprechende *Verhalten* zu erkennen und es bei Bedarf auf seine mögliche Abwehrfunktion hin zu *befragen*. Für den *Umgang* mit Abwehr spielt es im organisationalen Kontext keine Rolle, in welchen Mechanismus sie sich kleidet. Hierfür ist stattdessen die *Funktion* der Abwehrmechanismen von Bedeutung, die – über alle Mechanismen hinweg – im

Schutz vor Angst, inneren Konflikten und unakzeptablen Affekten besteht (Mehr zum Umgang mit Abwehr in Kapitel 4). Die Auseinandersetzung mit dem breiten Spektrum möglicher Abwehrmechanismen soll nicht die Basis für mechanismenspezifische Reaktionen legen, sondern den Blick dafür schärfen, in welcher Gestalt, in Form welcher Verhaltensweisen, letztlich: in welcher Tarnung die Abwehr- bzw. Schutzmechanismen auftauchen können. Letztlich ist die strikte Trennung zwischen den einzelnen Mechanismen ohnehin eine analytische: Sie treten häufig in Kombination auf, ergänzen und verstärken einander, um das innere System bestmöglich stabil zu halten und zu schützen. Wir folgen jedoch Anna Freuds Plädoyer, sich beim analytischen Blick auf die Abwehrmechanismen nicht auf ihre Überlappungen, sondern auf ihre jeweils eigene Gestalt zu konzentrieren:

»Wenn man sie [die Abwehrmechanismen, d. A.] mikroskopisch betrachtet, dann verschmelzen sie alle miteinander. Man findet dann überall Verdrängung. (…) Man findet fünf oder sechs Abwehrmechanismen in einer Haltung zusammengepackt. Es geht mir darum, sie nicht mikroskopisch, sondern makroskopisch anzuschauen, als große und separate Mechanismen, Strukturen, Geschehnisse, wie man sie auch immer nennen will. Dann heben sie sich voneinander ab, und die Probleme, wie man sie theoretisch voneinander trennt, werden unwichtig. Wenn Sie sie betrachten, dürfen Sie Ihre Brille nicht aufsetzen, sondern Sie müssen sie abnehmen« (Anna Freud im Gespräch, zitiert nach Elrod, 1991, S. 1107).

2.1 Verdrängung – Unangenehmes wird von der inneren Bühne verbannt

König (2007) illustriert den Abwehrmechanismus der Verdrängung mit dem Bild des Bewusstseins als innere Bühne. So ist grundsätzlich alles, was einmal auf dieser stattgefunden hat, potenziell erinnerbar. Akteur*innen oder Situationen jedoch, die auf der Bühne unangenehme Empfindungen oder unakzeptable Affekte hervorgerufen haben, können vom Unterbewussten systematisch ausgeschlossen – *verdrängt* – werden. Sie warten nicht auftrittsbereit hinter den Kulissen, sondern sind wie vom Erdboden verschluckt. So wird ein »Bewußtwerden von Erinnerungen an Beziehungserfahrungen, die Angst, Depression, Scham und Schuld auslösen und das Selbstwertgefühl verunsichern würden«, vermieden (Mertens, 1997, S. 65). Und wenn das Unterbewusstsein ganze Arbeit geleistet hat, kommt auch niemand jemals auf die Idee, nach den verdrängten Inhalten zu suchen. So gründlich und spurlos wurden sie entfernt. Die Barriere, die gegen die Wiederkehr des Verdrängten ins Bewusstsein errichtet wurde, kann geschwächt werden, z. B. durch Alkohol oder im Schlaf, wenn verdrängte Inhalte zu Bestandteilen von Träumen werden. Ganz klassische Hinweise auf Verdrängtes sind Fehlhandlungen, wie z. B. die berühmten Freudschen Versprecher, aber auch körperliche Symptome (Harsch, 1973).

Beispiel: Herr Winter, Abteilungsleiter im Controlling eines großen Versorgungsunternehmens nimmt ein Führungskräftecoaching in Anspruch, weil er die Interaktion mit seinem Team als holprig empfindet. In der ersten Sitzung arbeitet er gemeinsam mit dem Coach heraus, dass es ihm unangenehm ist, seine Mitarbeiter*innen mit Fehlern und ihrer Verantwortung zu konfrontieren bzw. unliebsame Aufgaben zu delegieren und »klare Ansagen« zu machen. Er empfindet sich in solchen Momenten als unangenehm übergriffig. Der Coachee beschreibt diverse Situationen, in denen er seinen Teammitgliedern mit Witzen und Andeutungen zu vermitteln versucht hat, was er sich nicht klar zu sagen traute. Der Coach benennt nun genau dieses Verhalten als »übergriffig« und problematisch, da es zur Aufgabe einer Führungskraft gehöre, klare und erwachsene Rückmeldungen zu geben. Herr Winter ist sichtlich aufgewühlt. Er kommt ins Nachdenken und es fallen ihm viele Beispiele für Situationen ein, in denen er sich, wie er sagt, »ganz falsch verhalten hat«. Als Herr Winter zu Hause ist, fragt ihn seine Frau nach dem Coachingtermin und danach, ob er etwas Spannendes über sich erfahren habe. Er sagt, der Termin sei durchaus interessant gewesen. Man habe zunächst über den Coaching-Prozess im Allgemeinen gesprochen und sei dann in die Arbeit eingestiegen, wobei verschiedene Themen zur Sprache gekommen seien. An die zentrale Essenz der Sitzung – sein unangemessenes Führungsverhalten – kann er sich nicht erinnern.

2.2 Verleugnung – die Bedeutung eines Sachverhalts wird ausgeklammert

Im Alltagssprachgebrauch verstehen wir unter der Leugnung, dass »etwas, das existiert oder geschehen ist, als inexistent oder ungeschehen bezeichnet wird« (König, 2007, S. 39) – obwohl die leugnende Person es eigentlich besser weiß. Die Verleugnung im *psychoanalytischen* Sinne bedeutet dagegen, dass ein Sachverhalt einer Person zwar zugänglich ist, jedoch »der *affektive Stellenwert* des entsprechenden Materials durch einen Abwehrvorgang verloren gegangen ist« (König, 2007, S. 39 f., Herv. i. O.) bzw. einfach nicht wahrgenommen wird. Die Begebenheit ist dem Bewusstsein zugänglich, doch ihre (schmerzhafte) *Bedeutung* nicht; die Person reduziert sie so weit, bis sie diese aushält. Familien können generationsübergreifend komplette emotionale Erlebnisbereiche (z. B. Trauer) verleugnen. Die Weitergabe dieser Mechanismen funktioniert über die Identifizierung der Kinder mit ihren Eltern, sie werden also sozial vererbt (Mertens, 1997). Interessant ist das auch im Hinblick darauf, dass in Organisationen ebenso wie in Familien Identifikations- und Enkulturalisierungsprozesse stattfinden (vgl. Kapitel 3).

Beispiel: Im mittelständischen Softwareunternehmen TURIN GmbH, das mit sieben Mitarbeitenden begonnen hat und in den vergangenen zwanzig Jahre ständig gewachsen ist, gilt nach wie vor das Narrativ des *familiären Miteinanders aus der Garagen-Gründungszeit.* Schließlich kennt man sich schon seit dem letzten Jahrtausend! Mit den Arbeitszeiten nimmt man es nicht so genau – es gilt das Vertrauensprinzip und die Arbeit muss halt gemacht werden. Gerade ist es viel, dann wird es abends öfter mal spät. Einen Betriebsrat gibt es nicht, der würde die Prozesse nur unnötig verkomplizieren. – Die Beschäftigten der ersten Stunde nehmen nicht wahr, dass sich in den letzten zwanzig Jahren nicht nur die Unternehmensgröße, sondern auch das soziale Miteinander fundamental gewandelt hat: Sie wiederholen das Familien-Narrativ mantraartig. Dabei handelt es sich längst nicht mehr um eine Garagenfreundschaft, sondern um ein hierarchisches Gefüge, in dem sie die unterlegene Position einnehmen, weshalb eine Interessenvertretung in ihrem Sinne wäre.

Beispiel: Fabian und Florian Sommer haben sich nach jahrelanger Vorbereitung und diversen Marktanalysen im Januar 2020 mit einem kleinen Fitnessclub selbständig gemacht. Sie bieten kein Gerätetraining, sondern ein vielfältiges Kursprogramm an. Aufgrund der Covid-19-Pandemie brach die Nachfrage massiv ein, Präsenzkurse fanden über Monate hinweg nicht statt, es gab noch keinen festen Kund*innenstamm, der das Online-Angebot nutzte. Inzwischen sind alle Reserven aufgebraucht. Wie lange die aktuelle Lockdown-Situation andauern wird, ist unklar. Die beiden Gründer sind dennoch davon überzeugt, dass alles gut ausgehen wird, und entwerfen keine alternative Pläne, obwohl ihnen das von vielen Personen in ihrem Umfeld geraten wird.

2.3 Rationalisieren – Rechtfertigen mit vernünftigen Argumenten

Wer rationalisiert, erklärt anderen (und vor allem sich selbst), inwiefern das eigene Handeln und die eigenen Entscheidungen ausschließlich vernünftig, logisch und kohärent zustande gekommen sind (König, 2007). Emotionale Aspekte, die (mindestens ebenso) Grundlage jeder menschlichen Entscheidung und Handlung sind, bleiben vollständig ausgeklammert – und zwar nicht nur aus der Erzählung ausgeklammert, sondern auch aus dem Denken der rationalisierenden Person. Da das Unterbewusste diese Eliminierung völlig geräuschlos für sie erledigt, bleibt die Einspurigkeit der Argumentation für die sich rechtfertigende Person selbst unbemerkt. Das Rationalisieren hat einen Bezug zum Abwehrmechanismus des Leugnens in dem Sinne, dass die emotionale, irrationale Dimension von Handlungen und Entscheidungen *geleugnet* wird. Es ist umstritten, ob die Rationalisierung wirklich ein eigenständiger Abwehrmechanismus ist, oder ob sie eher im Anschluss an andere stattfindet, um aus diesen resultierende Widersprüche aufzulösen (Mertens, 1997). In unseren nachfolgenden Beispielen könnte es sich dabei z. B. um den Mechanismus der Verdrängung handeln. Ungeachtet dessen, wie die Rationalisierung letztlich eingeschätzt wird, weist sie auf Abwehrprozesse hin.

Beispiel: Herr Winter, der Abteilungsleiter im Controlling des großen Versorgungsunternehmens, hat in seiner letzten Coachingsitzung den Auftrag bekommen, sich im Hinblick auf sein Führungshandeln zu erproben. Konkret geht es darum, den ihm unterstellten Führungskräften eine kritische Rückmeldung zu geben: einige Absprachen wurden nicht eingehalten, so dass ein Entwicklungsprojekt nicht fristgerecht fertiggestellt werden konnte. Herr Winter ist mit diesem Verlauf unzufrieden. In der folgenden Sitzung bittet ihn die Coach, von seinen Erfahrungen zu berichten. Daraufhin argumentiert Herr Winter stringent und kleinteilig, warum es nicht zu Gesprächen kam und welche Aufgaben stattdessen priorisiert werden mussten. Seine Wortwahl wird dabei immer technischer.

Beispiel: Nach zwei weiteren Coachingsitzungen ringt sich Herr Winter, der Abteilungsleiter im Controlling des großen Versorgungsunternehmens, dazu durch, die ihm unterstellten Führungskräfte auf das Projekt anzusprechen. Als erstes vereinbart er einen Termin mit Frau Herbst, Ansprechperson für die Koordination des Projekts. Er erklärt ihr ruhig, mit welchen Punkten er unzufrieden ist und was er sich in Zukunft anders wünscht. Frau Herbst argumentiert, man habe bewusst umdisponiert und verweist auf Sachzwänge, Schnittstellen und äußere Parameter, die eine Anpassung des Projektplans erforderlich und die Verzögerung unumgänglich gemacht hätten.

2.4 Projektion – eigene Affekte und Impulse werden anderen zugeschrieben

Bei der *Projektion* wird das, was eine Person fühlt, denkt oder wünscht, einer anderen zugeschrieben. Die projizierende Person nimmt den psychischen Inhalt nicht (mehr) als eigenen wahr. Projektionsinhalte können Affekte oder Impulse sein, die mit dem eigenen Selbst nicht vereinbar bzw. nicht akzeptabel oder bedrohlich sind – etwa aggressive Impulse in einer Umgebung, in der Friedfertigkeit erwartet wird, oder Selbstverwirklichungswünsche, die der aktuellen Lebenssituation widersprechen und aus diesem Grund Schuldgefühle auslösen. Die Projektion dieser Impulse auf eine andere Person – ohne sie selbst zu fühlen – *ermöglicht* eine Auseinandersetzung mit den konflikthaften Empfindungen im Außen, also aus der Distanz heraus (König, 2007). Anders als bei der Verdrängung sind die betreffenden Affekte oder Impulse also prinzipiell zugänglich, werden aber nicht als zu sich selbst gehörig erlebt (Mertens, 1997). Dies kann zu einer *Dämonisierung* der äußeren Welt führen, die sich je nach Inhalt der Projektion etwa in Misstrauen, Eifersucht oder Verfolgungswahn äußert.

Beispiel: Eine Abteilungsleiterin eines großen Versicherungskonzerns berichtet im Coaching, dass ihr Stellvertreter in vielen Situationen kritisch mit ihr umgeht. Sie hat das Gefühl, sich ständig rechtfertigen zu müssen, sei es im Hinblick auf ihre Präsenz im Büro, ihre Arbeitsergebnisse oder die Stimmung im Team. Ihr Eindruck ist, dass sie seinen Erwartungen nie genügen kann und fühlt sich von ihm so sehr unter Druck gesetzt, dass sie sogar schon überlegt, um eine Versetzung zu bitten. In Wirklichkeit hat die Abteilungsleiterin selbst einen starken Leistungsimperativ und hohe Erwartungen an die Leistungen anderer, was sie sich selbst niemals zuschreiben würde. Indem die Abteilungsleiterin den überkritischen Blick, den sie als Wesenszug zutiefst ablehnt, ihrem Stellvertreter zuschreibt, entzieht sie diesen Teil ihrer Persönlichkeit der eigenen Wahrnehmung.

Beispiel: Peter Karlson und Henri Schmidt haben fast zeitgleich nach dem Studium ihren ersten Job in einem namhaften großen Architekturbüro begonnen. Die beiden mögen sich, allerdings bekommt Henri Schmidt mehr und mehr das Gefühl, dass für Peter Karlson das berufliche Fortkommen an erster Stelle steht. Er nimmt ihn als sehr ehrgeizig und selbstdarstellerisch wahr und als jemanden, der kaum eine Gelegenheit auslässt, sich in einem guten Licht zu präsentieren. Henri Schmidt selbst schätzt sich eher als bescheidenen Menschen ein, dem ein kollegiales Miteinander wichtiger ist als Karriere. Diese »Mehr Schein als Sein«- und »Tu Gutes und rede darüber«-Mentalität ist ihm ein Graus. Der Abwehrmechanismus der Projektion schützt

Henri Schmidt davor, sich mit den eigenen Geltungsbedürfnissen und Darstellungswünschen konfrontieren zu müssen.

Ein anderes Motiv für Projektion ist der Wunsch nach Vertrautheit (König, 2007). Das bedeutet, dass eigene Affekte und Impulse durchaus gefühlt und *zugleich* einer anderen Person zugeschrieben werden – z. B. in der Hoffnung, dass *geteiltes Leid halbes Leid* sein könnte. In der Folge steigen das Nähegefühl und die vermeintliche Vertrautheit an.

> **Beispiel:** Für Herrn Winter, den Abteilungsleiter im Controlling des großen Versorgungsunternehmens, ist seine Führungsaufgabe eine große Herausforderung. Er spürt den Druck und die Erwartungen, die ihn nachts manchmal schlecht schlafen lassen. Herr Winter denkt, dass es Frau August, der Leiterin der Personalabteilung, genauso geht, schließlich ist sie ja auch mit Führungsverantwortung betraut. Er findet, dass Frau August erschöpft aussieht und nimmt sich vor, sie bei einem kollegialen Kaffee auf ihre Situation anzusprechen.

Eine *manipulative Steigerung* der Projektion ist die *projektive Identifizierung:* Hier schreibt die projizierende Person dem Gegenüber die eigenen Affekte und Impulse nicht nur zu, sondern ruft sie zusätzlich aktiv in ihm oder ihr hervor. Die andere Person wird so manipuliert, dass sie die zugeschriebenen Affekte oder Impulse auch wirklich zeigt und damit ein Verhalten an den Tag legt, das den Erwartungen der projizierenden Person entspricht (König, 2007). So kann jemand, der seine eigene Aggression nicht fühlen will, diese unbewusst seinem Partner oder seiner Partnerin zuschreiben und hält diese dann – ggf. mit Hilfe selektiver Wahrnehmung – für sehr aggressiv *(Projektion)*. Damit nicht genug, beginnt er die Partnerin bzw. den Partner unbewusst zu manipulieren: Er oder sie tut Dinge, die Wut beim Gegenüber auslösen, um sich in seiner Zuschreibung der Aggression bestätigt zu fühlen *(projektive Identifizierung)*.

Beispiel: Hubert Wiese findet seine Kollegin Annegret Feld ganz schön empfindlich. Sie reagiert bei harmlosen Witzen leicht über – irgendwie fehlt ihr die notwendige Gelassenheit. Dauernd ist sie irgendwie beleidigt und nimmt immer alles viel zu persönlich. Es gelingt ihr nicht, sich locker zu machen. Hubert Wiese sieht sich selbst als einen gelassenen, coolen Typen, der nichts krummnimmt und Sprüche einfach an sich abperlen lässt. Ihn bringt so leicht nichts aus der Ruhe. Empfindlichkeit empfindet er als Schwäche, die er verachtet. Mit seinen Sprüchen und Andeutungen trifft er bei Annegret Feld einen Nerv – sie, die sich sonst nicht als besonders empfindlich erlebt (und der das auch von anderen noch nicht gespiegelt worden ist), wird in Hubert Wieses Gegenwart immer unsicherer und verletzlicher.

Ein Spezialfall der Projektion ist die *altruistische Abtretung*. Bei der altruistischen Abtretung projiziert eine Person Wünsche, die sie für sich selbst nicht verwirklichen kann, auf andere – und arbeitet dann hart an der Realisierung des Wunsches mit. Die eigene Befriedigung erfolgt also über einen Umweg: Bedürfnisse müssen erst einer anderen Person zugeschrieben werden, um dann aus der Distanz heraus verfolgt bzw. befriedigt werden zu können. Die altruistische Abtretung spielt in den helfenden Berufen eine besondere Rolle – z.B. in der sozialen Arbeit, in der Pflege, aber auch im Bereich der Beratung und des Coachings. Hier kann ein unbewusstes Motiv für das Helfen darin bestehen, »dass man sich den Umgang mit bestimmten Lebensgenüssen nicht zutraut und sie deshalb in Identifizierung mit anderen erleben möchte« (König, 2007, S. 70).

Beispiel: Die Sozialarbeiterin Miriam Sommer arbeitet seit einigen Jahren als rechtliche Betreuerin in einem großen Verein. Eine ihrer Klientinnen, Frau Mozart, leidet unter einer leichteren Form des Messie-Syndroms: Ihre Wohnung ist chaotisch und voll, weil sie vieles sammelt und nichts wegwerfen kann. Miriam Sommer hilft und berät in dieser Sache, wann immer sie Frau Mozart besucht, weit über das normale Zeitkontingent hinaus. Sie instruiert Frau Mozart voller Elan (und mit mäßigem Erfolg), packt sogar selbst mit an und entwickelt mit großem Engagement Ideen zur Strukturierung und Aufrechterhaltung der Ordnung. In ihrer eigenen Wohnung ist Miriam Sommer von diesem Zustand weit entfernt – dort herrscht ein solches Durcheinander, dass sie sich schon lange nicht mehr traut, jemanden zu sich nach Hause einzuladen.

Beispiel: Peter Frühling ist Landarzt und immer für seine Patient*innen da. Er ermahnt sie, auf sich zu achten und selbstfürsorglich zu sein, kämpft wie ein Löwe für den Kuraufenthalt der alleinerziehenden Mutter und redet dem Schichtarbeiter mit den Schlafstörungen eindringlich ins Gewissen, sich endlich einmal eine Pause zu gönnen. Dafür schreibt er, wenn es sein muss, auch großzügig krank. Um seinen vielen Patient*innen gerecht zu werden, arbeitet Peter Frühling häufig lange, bis zu achtzig Stunden in der Woche können es werden. Hausbesuche, Nacht- und Wochenenddienste sind selbstverständlich, Urlaub hat er schon lange keinen mehr gemacht, er wüsste auch gar nicht, wohin er fahren sollte.

2.5 Wendung gegen das Selbst – sich selbst die Schuld geben

Lenkt eine Person unbewusst Aggressionen, die eigentlich jemand anderem gelten, auf die eigene Person, liegt eine Wendung gegen das Selbst vor. Während andere Abwehrmechanismen vor unerträglichen Gefühlen schützen, bewahrt dieser Mechanismus davor, die eigene Wut in Form eines Konflikts ins Außen transportieren zu müssen. Er schützt eine Person vor Impulsen, mit denen sie »als Mittler zwischen Innenwelt und Außenwelt nicht sozialadäquat umgehen kann« (König, 2007, S. 32). So schont sie Beziehungen zu anderen (als wichtig wahrgenommenen) Personen und hält sie konfliktfrei – um den Preis des Selbstvorwurfs. Menschen, die zur Wendung gegen das Selbst tendieren, können von ihrer Umgebung als harmonisch und integrativ wahrgenommen werden. Zugleich kann mit der Wendung gegen das Selbst auch eine Art Größenwahn einhergehen: Nämlich dann, wenn eine Person dazu tendiert, sich die Schuld *an allem* zu geben, was auf einen erheblichen Einflussbereich verweist (König, 2007).

Beispiel: Lisa Bachmann ist seit zwei Wochen Trainee in einer Werbeagentur und bisher hat noch keine Einarbeitung stattgefunden. Nun bekommt sie die Aufgabe, eine Kampagne für eine große Stahlfirma zu entwerfen. Sie geht mit Engagement an die Sache heran, ist aber an vielen Stellen unsicher und hätte gern mehr Informationen. Weil gerade viele Projekte parallel laufen und alle in Zeitnot sind, bekommt sie weder Unterstützung noch Rückmeldung auf ihre ersten Ideen und kann im nächsten Meeting nur ein rudimentäres Konzept vorstellen. Die Reaktionen ihrer Kolleg*innen sind verhalten. Ihr Chef zeigt sich sichtlich enttäuscht, ist ungehalten und nennt ihre Präsentation »mickrig« und »erbärmlich«. Lisa Bachmann ist bestürzt, zweifelt an ihren Fähigkeiten und macht sich große Vorwürfe: Würde sie über mehr Praxiserfahrung und Talent verfügen, hätte sie ein viel besseres Ergebnis liefern können. Sie hätte nicht versagt.

> **Beispiel:** Der Geschäftsführer eines Betreuungsvereins schildert im Coaching, dass er seit Jahren eine zunehmende Unzufriedenheit bei seinem Team mit der hohen Arbeitsbelastung wahrnimmt. Da die Stundensätze für rechtliche Betreuungen schon lange stagnieren, müssen immer wieder die Fallzahlen erhöht werden, um die Gehaltssteigerungen zu finanzieren. Die aktuellen Fallzahlen sind kaum noch zu stemmen, eine Entlastung ist aber nicht in Sicht. Der Geschäftsführer kann nicht mehr richtig schlafen, weil er sich für die verfahrene Lage verantwortlich fühlt. Er dreht und wendet die Situation und überlegt verzweifelt, was er besser machen könnte.

2.6 Verschiebung – Sündenböcke suchen oder auf Nebensächlichkeiten ausweichen

Bei der Verschiebung werden – wie bereits bei der Wendung gegen das Selbst – Impulse unbewusst *umgelenkt*. Die Triebregung bleibt bestehen, das Zielobjekt jedoch wird gegen ein anderes, weniger gefährliches oder emotional weniger wichtiges, ausgetauscht. Mit dem ursprünglichen Zielobjekt ist das Ersatzobjekt lediglich durch eine *Assoziationskette* verbunden (Mertens, 1997). Diese kann recht lose sein und nicht auf den ersten Blick ersichtlich. Im Zuge der Umlenkung werden – Achtung, Verdrängung! – »ursprünglich vorhandene Zusammenhänge ausgeblendet« (König, 2007, S. 35) und an Stelle der ausradierten Verknüpfungen neue hergestellt. Die Beziehung zu der Person, der die gefährlichen Impulse ursprünglich galten, bleibt somit konfliktfrei, geschont und geschützt.

> **Beispiel:** Lisa Bachmann kommt nach der unerfreulichen Situation mit ihrer Präsentation im Team-Meeting nach Hause, ihr geht alles Mögliche durch den Kopf. Sie ist erschöpft, aber nicht wütend auf ihren

Chef in der Werbeagentur, obwohl er ihre Mühe und ihre Arbeitsergebnisse vor dem gesamten Team diskreditiert hat. Als ihr Freund sie abends fragt, ob sie an diesem Samstag den Einkauf übernehmen kann, wird sie wütend und laut und findet sein Ansinnen eine Frechheit. Die Wut, die eigentlich ihrem Vorgesetzten gegolten hätte, wird auf ein ungefährlicheres Objekt verschoben.

Hier könnten, um ein Beispiel für das Zusammenspiel von Abwehrmechanismen zu nennen, zugleich eine Verdrängung (2.1) und eine Verschiebung vorliegen: Lisa Bachmann *verdrängt* ihre Wut auf den Vorgesetzten, die somit nicht ins Bewusstsein gelangt. Und sie *verschiebt* dieses Gefühl auf ihren Freund, wobei für die Assoziationskette möglicherweise schon das Geschlecht ausreichend ist. Möglich wäre aber auch, dass Aspekte wie der Tonfall oder die Körperhaltung weitere Ähnlichkeiten darstellen. So werden der intrapsychische Abwehrmechanismus der Verdrängung und der interpersonelle Abwehrmechanismus der Verschiebung miteinander kombiniert.

Wir haben eben gesehen, wie im Rahmen der Verschiebung unbewusst Zielpersonen ausgetauscht werden können, indem die Triebregung von der einen auf die andere (ungefährlichere) Person transferiert wird. Eine andere Möglichkeit besteht in der unbewussten *inhaltlichen* Verschiebung: Die Impulse bleiben auf die Zielperson gerichtet, werden jedoch weg vom eigentlichen (gefährlichen) Konflikt thema und hin zu einem Nebenschauplatz bzw. einer Bagatelle gelenkt.

Beispiel: Landarzt Peter Frühling wird von seinen Patient*innen von Jahr zu Jahr häufiger nachts zu vermeintlichen Notfällen gerufen, die sich fast immer als falscher Alarm herausstellen. Die ständigen Störungen haben dazu geführt, dass er inzwischen auch dann nicht mehr durchschlafen kann, wenn ausnahmsweise einmal niemand anruft. Den Ärger und die Wut darüber, wie hier mit ihm und seinen Ressourcen umgegangen wird, spürt er nicht. Er ärgert sich stattdessen sehr über seine Patient*innen, wenn sie mit der Einnahme ihrer Medikamente nachlässig sind oder sie wegen befürchteter Nebenwirkungen gar nicht einnehmen wollen.

2.7 Regression und Progression – Flucht in Vergangenheit und Zukunft

Die Regression als Abwehrmechanismus bedeutet, dass eine Person sich unbewusst auf eine frühere Entwicklungsstufe zurückzieht, d. h. »ein früheres Funktionsniveau« aufsucht (König, 2007, S. 87), und damit inneren Konflikten, Ängsten, Überforderung und Selbstzweifeln ausweicht bzw. sie abwehrt. Auf der Zeitachse findet also aus Gründen des Selbstschutzes eine *Flucht nach hinten,* in eigentlich bereits überwundene Entwicklungsstadien, statt. Damit kann die Regression als innere *Pause-Taste* in Situationen akuter Überforderung fungieren und Ruhemomente im Hier und Jetzt schaffen (Lempp, 2003). Psychosomatische Erkrankungen enthalten meist einen regressiven Anteil, weil die Verantwortungsfähigkeit durch den Krankheitsstatus gemindert wird und die kranke Person besondere Rücksicht erfährt. Ebenso können ein erhöhtes Schlafbedürfnis oder der Konsum von Alkohol, Zigaretten, Süßigkeiten und anderen Suchtmitteln in diese Richtung interpretiert werden (Boessmann & Remmers, 2020).

Beispiel: Eine Behörde implementiert im Zuge der Einführung der E-Akte ein neues Softwaresystem. Mehrere Verwaltungsmitarbeiterinnen und -mitarbeiter, die mit diesem neuen Computerprogramm arbeiten sollen, stehen der Neuerung von Beginn an skeptisch gegenüber. Als das Programm in der Schulung nicht auf Anhieb funktioniert, reagieren sie trotzig. Sie betonen die Unsinnigkeit der neuen

Software, verdrehen die Augen, beschimpfen ihre Rechner und verweigern sich mit Nachdruck den konstruktiven Hilfsangeboten der Schulungsleiterin.

Beispiel: In ihrer Weihnachtsansprache wird der Teamleiter ernst und persönlich. Er reflektiert ausführlich das vergangene Jahr, in dem es einige Herausforderungen für das Unternehmen und die Abteilung gab. Er bedankt sich bei den einzelnen Teammitgliedern für ihre Arbeit und sagt Wertschätzendes über jede Person. Einige Kolleginnen und Kollegen fangen an, Blicke zu tauschen, zu kichern, flüsternde Bemerkungen und Witze zu machen. Die Stimmung wird immer alberner.

Während die Regression für die Flucht in die Vergangenheit steht, bedeutet die Progression auf der Zeitachse die unbewusste innere *Flucht nach vorn.* Im Gegensatz zur Regression wird also keine *frühere* Entwicklungsstufe aufgesucht, sondern jemand verhält sich so, als sei er oder sie bereits auf einer höheren Entwicklungsstufe und damit *erwachsener,* als es in der Realität der Fall ist (König, 2007). Typischerweise geschieht dies dann, wenn eine Situation als gefährlich wahrgenommen wird und mit den zur Verfügung stehenden Ressourcen eigentlich nicht zu bewältigen wäre. Die Abwehr bzw. der Schutz durch das Unterbewusstsein bestehen dann darin, die eigenen Fähigkeiten und Kraft *fluchtartig* zu überschätzen.

Beispiel: Im Teammeeting einer PR-Agentur wird darüber diskutiert, wie es gelingen kann, eine wichtige Präsentation, die überraschend benötigt wird, bis zum nächsten Tag fertigzustellen. Die Leiterin betont die Bedeutung der Präsentation für die Auftragsgewinnung, das Team ist sich darin einig, dass in der kurzen Zeit nur eine Fünfzig-

> Prozent-Lösung realisierbar ist – wenn überhaupt. Plötzlich meldet sich eine junge Mitarbeiterin und bietet an, sich im Alleingang darum zu kümmern, eine »Nachtschicht« einzulegen und bis zum nächsten Morgen »etwas zu zaubern«.

2.8 Reaktionsbildung – gegenteilige Gefühle werden erzeugt

Bei der Reaktionsbildung hält eine Person *gefährliche* Gefühle – etwa Begehren oder Aggression – in Schach, indem sie unbewusst gegenteilige Gefühle erzeugt. So kann etwa eine Person, die sich zu einer anderen erotisch hingezogen fühlt, diese Zuneigung unbewusst mit Gefühlen der Abneigung niederhalten, weil die eigentlichen Wünsche dem Selbstbild – etwa dem des konfliktfrei monogamen Familienvaters – widersprechen. Im Gegensatz zu anderen Abwehrmechanismen wie der Verschiebung oder der Wendung gegen das Selbst wird bei der Reaktionsbildung »das Objekt, gegen das sich die Triebregung richtet, beibehalten, die Art des Triebimpulses aber ins Gegenteil verkehrt« (Harsch, 1973, S. 129). So kann hinter einer überkorrekten und höflichen Fassade eine unbewusste Feindseligkeit lauern oder die für Außenstehende irritierend bedingungslose Loyalität zur Herkunftsfamilie ein unbewusster Schutz vor den aggressiven Impulsen sein, die diese auslöst (Boessmann & Remmers, 2020).

Beispiel: In einem Beratungsunternehmen haben sich die Senior Consultants Maja Dienstag und Lukas Sonntag auf die intern ausgeschriebene Teamleitungsstelle beworben. Nach einem aufwändigen und vorbereitungsintensiven Auswahlverfahren in Form eines Assessment Centers bekommt Maja Dienstag schließlich den Job. Lukas Sonntag freut sich so intensiv und ausdauernd für seine ehemalige Kollegin mit, dass man leicht vergessen könnte, dass er selbst großes Interesse an der Position hatte.

Denkbar wäre hier auch eine Kombination mit dem Abwehrmechanismus der Rationalisierung (2.3): Lukas Sonntag könnte beispielsweise auf den geringen Frauenanteil auf Teamleitungsebene verweisen und feststellen, dass es unter Gleichstellungsaspekten sehr positiv zu bewerten ist, dass Maja Dienstag für die Stelle ausgewählt wurde. Oder er könnte anmerken, dass der mit der Teamleitung verbundene Wechsel des Arbeitsortes für ihn ohnehin ein großes Problem geworden wäre, dem er sich nun – glücklicherweise – nicht stellen muss.

2.9 Identifikation mit dem Angreifer – Angriff ist die beste Verteidigung

Die Identifikation mit dem Angreifer bedeutet, sich die aggressiven Impulse und Einstellungen einer Person zu eigen zu machen, die aufgrund ihres Verhaltens eigentlich massive Angst auslöst, um so das angstvolle Erleben zu bewältigen. Die Übernahme der Einstellungen oder Verhaltensweisen der Aggressor*innen ist umso wahrscheinlicher, wenn Menschen ihnen über eine längere Zeit ausgeliefert waren und sich ohnmächtig fühlten. Durch die Übernahme aggressiver Verhaltensweisen, »kann ein Gefühl der Schwäche, der Kränkung oder des Gekränktseins aufgehoben werden, man ist dann selbst der Kränkende, Verletzende oder Schädigende« (König, 2007, S. 38). Bei Kindern richtet sich die so gewonnene Aggression typischerweise nicht gegen den Angreifer selbst, da dieser als übermächtig erlebt wird, sondern gegen schwächere Personen oder Tiere. Bei Erwachsenen kann sich der Abwehrmechanismus – je nach wahrgenommener Bedrohungslage – z. B. darin äußern, dass auf Vorwürfe reflexhaft mit Gegenvorwürfen reagiert wird, ohne dass der Inhalt der Vorwürfe überhaupt zur Kenntnis genommen wurde (König, 2007).

Beispiel: Marie Regen ist Auszubildende in einem kleinen Friseursalon. Ihre impulsive Chefin, die Friseurmeisterin Birgit Blatt, wird schnell laut und vorwurfsvoll, wenn sie Kritik äußert, manchmal auch richtig verletzend (vgl. zum Mechanismus des *Ausagierens* 2.14). Sie findet dann in ihrer Belehrung kein Ende, sondern beißt sich regelrecht fest und wird im Ton immer schroffer. Marie Regen hat diese Art des Umgangs unbewusst übernommen und spricht auf eine ähnlich rüde Art mit dem Praktikanten Bela.

Beispiel: Der Friseursalon-Praktikant Bela hat sich die impulsive und häufig rüde Kritik von der Auszubildenden Marie Regen eine ganze Weile lang gefallen lassen. Inzwischen blockt er ihre Belehrungen häufig massiv ab. Er fällt Marie Regen ins Wort, sobald diese zu sprechen begonnen hat, und kontert ihre Hinweise und Ratschläge unmittelbar mit schroffen Bemerkungen. Die Situation im Friseursalon eskaliert zunehmend. Birgit Blatt kann sich gar nicht erklären, wie es dazu kommen konnte.

2.10 Intellektualisieren – Flucht vor dem Erleben in die Abstraktion

Mithilfe des Intellektualisierens wird unbewusst eine Distanz zum eigenen unerwünschten – z. B. triebhaften oder angstauslösenden – inneren Erleben hergestellt, und zwar umso stärker, je höher die Abstraktionsebene gewählt wird. Dies betrifft sowohl das intellektualisierende Denken als auch das intellektualisierende Sprechen (König, 2007). Während das Rationalisieren auf *vernünftige und logische Erklärungen* setzt (bei denen Abstraktion eine Rolle spielen kann), lebt das Intellektualisieren von der Abstraktion an sich, die die konkrete

Ebene (und damit zugleich die Gefühlsebene) verlässt. Hier geht es nicht um Selbstrechtfertigung, sondern um die Formalisierung emotionaler Inhalte, darum ihnen ihre bedrohliche Dimension zu nehmen und Kontrolle zu erlangen (Boessmann & Remmers, 2020). Wenn Menschen sowohl zum unmittelbaren Erleben und Fühlen als auch zur Abstraktion in der Lage sind, wird mit dem Intellektualisieren »eine Ich-Funktion fallweise zu Abwehrzwecken eingesetzt« (König, 2007, S. 62).

Beispiel: Landarzt Peter Frühling wird von seiner Sprechstundenhilfe Frau Baugrund auf sein hohes Arbeitspensum angesprochen. Frau Baugrund kennt ihn schon lange und fragt besorgt, ob er nicht auch irgendwann einmal Urlaub machen wolle. Er wirke auf sie angespannt, belastet und ganz schön erschöpft. Peter Frühling hält als Reaktion darauf aus dem Stand ein Impulsreferat über die feine aber nichtsdestotrotz bedeutsame arbeitswissenschaftliche Unterscheidung zwischen Belastung und Beanspruchung und ergänzt eine Abhandlung über die Rechtswegerschöpfung als spezifische Form der Erschöpfung und Voraussetzung für die Zulässigkeit der Verfassungsbeschwerde vor dem Bundesverfassungsgericht. Frau Baugrund hat keine weiteren Fragen.

2.11 Isolierung vom Affekt und Isolierung aus dem Zusammenhang

Die Isolierung *vom Affekt* ist die unbewusste Beherrschung von Gefühlen, die mit einem spezifischen Themenbereich oder Inhalt verknüpft sind. Ein Ereignis kann (vielleicht sogar präzise) erinnert werden, die erwartbaren zugehörigen Gefühle scheinen jedoch wie abgetrennt und können nicht abgerufen werden. Die Gedanken und Erinnerungen sind quasi vom zugehörigen Affekt abgetrennt (Harsch,

1973). In der Folge gibt sich die Person betont sachlich und berichtet über eigentlich hochemotionale Inhalte in einer analytischen und möglicherweise besonders detailgetreuen Art und Weise. Ob mit Erinnerungen Gefühle verbunden sind oder nicht, ist von außen schwer bestimmbar, da Menschen auch fühlen können, ohne den entsprechenden Gefühlsausdruck mitzuliefern. Die endgültige Unterscheidung zwischen fehlenden Gefühlen und fehlendem Gefühls*ausdruck* kann deshalb nur intersubjektiv erfolgen; »wenn man jemand nach seinen Gefühlen fragt und eine Antwort bekommt, die man für ehrlich halten kann« (König, 2007, S. 55).

Beispiel: Im Coaching berichtet eine ehemalige Vertriebsmitarbeiterin, dass sie vor einem Jahr direkt im Anschluss an ihre Elternzeit nach langer Unternehmenszugehörigkeit überraschend die Kündigung erhalten hat. Zuvor hatte sie aus der Elternzeit heraus noch einige Stunden in der Woche gearbeitet und war der Firma damit bewusst entgegengekommen. Für die Zeit nach der Elternzeit war ihr eine Teilzeittätigkeit zugesagt worden. Die Coachee zeigt keine emotionale Regung, sondern gibt an, sich mit der »Freisetzung« bereits abgefunden zu haben – da sie es ja ohnehin nicht ändern könne. Auch auf die Frage des Coaches nach ihrer jetzigen Situation – sie ist alleinerziehend und hat bisher keine Beschäftigung gefunden, die sich mit ihren Care-Aufgaben vereinbaren lässt – reagiert sie stoisch und gibt an, sich eben arrangieren zu müssen. Parallel dazu leidet sie unter wiederkehrenden Kopf- und Rückenschmerzen, die sie sich nicht erklären kann.

Bei der Isolierung *aus dem Zusammenhang* werden Vorstellungen oder Wahrnehmungen, deren Verbindung einen Konflikt auslösen würde, unbewusst getrennt voneinander gehalten (König, 2007). Diese Trennung kann sich so ausdrücken, dass ein starker Impuls auftritt – etwa, jemanden vom Balkon zu schubsen –, das *Motiv* für diesen Impuls allerdings unbewusst bleibt. Eine andere Variante besteht darin, dass *beide Phänomene* bewusst sind und bleiben, die *Verbindung* zwischen ihnen jedoch unbewusst gemacht wird. Dabei kann es sich um Inhalte oder ganze Lebensbereiche oder einen Gedanken handeln, der wie »aus seinem Zusammenhang gerissen« erscheint (Harsch, 1973, S. 130). Aspekte bleiben unverbunden nebeneinander stehen, so dass jemand den sprichwörtlichen *Wald vor lauter Bäumen nicht sieht.* Dies kann seinen Ursprung z. B. darin haben, dass in der Kindheit widersprüchliches Verhalten der Eltern isoliert werden *musste,* da es dem Kind sonst Angst gemacht hätte (König, 2007).

> **Beispiel:** Eine Führungskraft berichtet im Coaching davon, auf Teamleitungsebene eine sehr ehrgeizige Kollegin zu haben, die das »Fair Play« in Karrieredingen nicht beachte: So sei im letzten Monat eine Bereichsleitung ausgeschrieben gewesen, auf die sie sich beworben habe, ohne ihr und den anderen Kolleg*innen auf gleicher Ebene davon zu berichten. Im weiteren Verlauf der Sitzung stellt sich heraus, dass die Coachee es selbst ganz genauso gemacht hat, als sie vor vier Jahren Teamleiterin wurde: Sie erzählte niemandem davon und bekam die Stelle. Eine der damals übergangenen Personen ist die heute als sehr konkurrierend wahrgenommene Kollegin. Einen Zusammenhang zwischen diesen beiden Sachlagen kann die Führungskraft nicht erkennen.

2.12 Magisches Denken und Ungeschehenmachen

Beim Abwehrmechanismus des magischen Denkens werden Dinge ohne empirische Belege kausal miteinander verknüpft. Dies kann sich auf weltliche Handlungen beziehen, jedoch auch auf religiöse Rituale, die zu einem Gefühl der Wirksamkeit beitragen (Boessmann & Remmers, 2020). Dass das magische Denken selbst einen Einfluss nehmen kann, wird beim Placebo-Effekt deutlich. Ähnlich funktioniert der Abwehrmechanismus des Ungeschehenmachens: Hier wird versucht, das Ergebnis von Handlungen zu neutralisieren, indem *Gegenhandeln* erfolgt. Dabei handelt es sich um eine Art des Handelns, das »faktisch unwirksam ist, dem aber eine symbolische Kraft zugeschrieben wird« (König, 2007, S. 65). In diese Richtung gehen Rituale der Buße und der Beichte.

Beispiel: Eine Alleinerziehende kann nur wenig in die Rentenkasse einzahlen und hängt sehr an dem Gedanken, dass sie »früher oder später« eine größere Summe im Lotto gewinnen wird – besonders, da sie nicht wahllos tippt, sondern *(magisch)* die Geburtsdaten ihrer Kinder als Zahlen ankreuzt. So entgeht sie dem Gedanken an die drohende Altersarmut und dem aussichtslosen Gefühl, daran aus eigener Kraft nichts mehr ändern zu können. Unbewusst bleibt dabei nicht der Wunsch bzw. die Überzeugung zu gewinnen, sondern die Tatsache, dass die Kausalerwartung eine Realitätsprüfung niemals überstehen würde. Die eigentliche Realangst vor der zukünftigen Armut wird verdrängt.

2.13 Idealisierung und Entwertung – Himmel und Hölle

Bei dem Abwehrmechanismus der Idealisierung werden einer anderen Person unbewusst eine Reihe von Einstellungen, Eigenschaften und Fähigkeiten zugeschrieben, die dem idealen mentalen Modell der abwehrenden Person entsprechen. Diese Idealvorstellungen sagen etwas darüber aus, wer oder was die idealisierende Person selbst bevorzugt wäre, über welche Fähigkeiten sie gern verfügen würde und welche Wünsche an ihr Gegenüber situativ aufkommen: »*Man idealisiert Menschen so, wie man sie braucht*« (König, 2007, S. 82, Herv. i. O.). Die Idealisierung kann die Funktion haben, eigene Aggressionen – die das Gegenüber ggf. ohne Idealisierung hervorrufen würde –

nicht wahrnehmen zu müssen bzw. sich vor Handlungskonflikten zu schützen. Das Phänomen der Verliebtheit ist, ähnlich wie für die Verleugnung, auch für die Idealisierung beispielhaft. Hier hat die Idealisierung eine stabilisierende Wirkung und lässt die verliebten Personen darüber hinwegsehen und -fühlen, dass »es wohl immer irgendwo auf der Welt einen geeigneteren Partner« gibt (König, 2007, S. 83). Eine weitere Funktion der Idealisierung kann darin bestehen, dass eigene Autonomie und Entwicklung abgewehrt werden, weil sie angstbesetzt sind (Boessmann & Remmers, 2020).

> **Beispiel:** Im mittelständischen Softwareunternehmen TURIN GmbH, das mit sieben Mitarbeitenden begonnen hat und in den vergangenen zwanzig Jahre ständig gewachsen ist, gilt nach wie vor das Narrativ des »familiären Miteinanders« aus der Garagen-Gründungszeit – bei näherer Betrachtung wird dieses Bild aber schnell brüchig und weicht dem Eindruck, dass hier – bei hoher Arbeitsbelastung, mangelhaften Strukturen, fehlendem betrieblichen Gesundheitsmanagement und ohne Betriebsrat – massiv auf Kosten der Beschäftigten gewirtschaftet wird. Nichtsdestotrotz (oder gerade deshalb?) stehen gerade die Beschäftigten der ersten Stunde voll hinter den beiden Geschäftsführern, sehen sie als »Macher« und »einfach gute Typen« und lassen nichts auf sie kommen.

Analog zu der Idealisierung hat auch die *Entwertung* des Gegenubers einen engen Bezug zu den eigenen Selbst-Wünschen, Vorstellungen und Bedürfnissen (König, 2007). Die Entwertung hat eine das Selbst stabilisierende Funktion: Das, was im Außen als nicht erstrebenswert bzw. verachtenswert eingestuft wird, kann die eigenen Lebensgewohnheiten nicht (mehr) in Frage stellen und somit nicht kränken (Boessmann & Remmers, 2020). Es wird davon ausgegangen, dass gerade die Verhaltensweisen, Einstellungen und Fähigkeiten bei anderen abgewertet werden, die Neid verursachen bzw. eigene Bedürfnisse entfachen, die nicht befriedigt werden können oder deren bloßes Vorhandensein bereits zu massiven inneren Konflikten führt.

Beispiel: Landarzt Peter Frühlings Kollege, Paul Oktober, betreibt seine Praxis einige Dörfer von Peter Frühling entfernt. Vor einem halben Jahr hat er eine zusätzliche Ärztin eingestellt, die nun mit ihm gemeinsam die Praxis betreibt und sie in einigen Jahren, wenn Paul Oktober in den Ruhestand geht, komplett übernehmen will. Paul Oktober nutzt dieses Arrangement, um schon jetzt kürzer zu treten: Er arbeitet nur noch vier Tage in der Woche und hat im vergangenen Monat zwei Wochen Urlaub am Stück gemacht. Auch aus den nächtlichen Rufbereitschaften zieht er sich nach und nach zurück. Peter Frühling findet es völlig befremdlich, wie sich der gleichaltrige Kollege nun einen »faulen Lenz« macht und seinen Beruf, der doch eigentlich eine Berufung sein sollte, nur noch »halbherzig« ausübt. Er lässt keine Gelegenheit aus, sich vor seine Sprechstundenhilfe Frau Baugrund darüber auszulassen.

Denkbar wäre hier auch eine Kombination mit den Abwehrmechanismen der Intellektualisierung (2.8). Peter Frühling könnte z. B. vor Frau Baugrund darüber sinnieren, was für eine Art von Über-Ich-Defekt bei Paul Oktober vorliegen könnte, der zu einem solchen Verhalten führt.

2.14 Ausagieren – impulsiv aus der Rolle fallen

Der Abwehrmechanismus des Ausagierens ist »ein impulsives Verhalten als Reaktion auf äußere Stressoren oder als Ausdruck unerträglicher innerer Spannung« (Boessmann & Remmers, 2020, S. 156 f.). Eine Person agiert in diesem Fall völlig ungefiltert ihr aktuelles Befinden aus, ohne dabei die Rollenerwartungen oder sonstige soziale Konventionen zu beachten. Sie benimmt sich sprichwörtlich *wie eine*

Axt im Walde, handelt scheinbar *ohne Rücksicht auf Verluste.* Was nach außen rüpelhaft und vielleicht sogar mutig wirkt, ist in Wirklichkeit Ausdruck großer Überforderung und einer bewussten Handlungsentscheidung in diesem Moment nicht zugänglich. Die situativen Impulse können von der *ausagierenden* Person nicht mehr gesteuert werden.

Beispiel: In einer Behörde ist im Zuge der Einführung der E-Akte ein neues Softwaresystem implementiert worden. Als das Programm in der Schulung auch nach wiederholten Versuchen nicht funktioniert, wirft eine Verwaltungsmitarbeiterin plötzlich donnernd ihren Laptop zu und ruft in Richtung der Schulungsleiterin: »Das ist doch totaler Quatsch, womit wir hier unsere Zeit verschwenden. Nicht mit mir! Suchen Sie sich doch andere Deppen für Ihre Beschäftigungstherapie!«

Beispiel: Mitten im Vorstellungsgespräch für eine Stelle als Pressereferent springt der Kandidat plötzlich auf und wird laut: »Was wollen Sie denn noch alles wissen, was überhaupt nichts mit der Tätigkeit zu tun hat? Diese Ausfragerei hier wird mir langsam wirklich zu blöd. So toll ist Ihre Stelle nun auch wieder nicht, dass ich Ihnen hier stundenlang jeden Blödsinn beantworten muss!«

3 Kollektive Abwehr in Organisationen

In Kapitel 1 und Kapitel 2 haben wir die Abwehrmechanismen als individuelles Phänomen gefasst, das sich intrapsychisch im Individuum abspielt.

> **Intrapsychische Abwehr** findet dann statt, wenn sich die Abwehrmechanismen komplett im Individuum selbst abspielen. Bei der intrapsychischen Abwehr spielen zwar ggf. andere Personen eine Rolle – etwa bei der Projektion oder der Verschiebung, wenn anderen etwas *zugeschrieben* oder Aggression auf sie *verschoben* wird. Jedoch sind diese Personen nicht aktiv am Prozess der Abwehr beteiligt (Mentzos, 2016).

In Organisationen spielen – wie in sozialen Systemen generell – neben der intrapsychischen Abwehr auch *psychosoziale* Abwehrkonstellationen eine Rolle (Mentzos, 2016). Von psychosozialen Abwehrmechanismen ist dann die Rede, wenn nicht einzelne Personen individuell, sondern Gruppen oder ganze Organisationen *kollektiv* abwehren und sich dabei aufeinander beziehen, sich gegenseitig stabilisieren und sich so die Abwehr erst ermöglichen (König, 2007). Eine solche Perspektive der Abwehr kann helfen zu verstehen, warum bestimmte Praxen in Organisationen überdauern, obwohl sie irrational erscheinen; und warum vermeintlich überkommene Institutionen hart verteidigt werden. Damit gibt das Paradigma der Abwehr zugleich Hinweise darauf, wo Energien in Abwehrprozessen gebunden werden, die durch eine Veränderung der Rahmenbedingungen möglicherweise freigesetzt werden könnten.

In den Beispielen, die für die in Kapitel 2 beschriebenen Abwehrmechanismen gewählt werden, klingt die psychosoziale Abwehr an einigen Stellen bereits an. So verleugnen etwa die Mitarbeitenden in der TURIN GmbH (2.2) kollektiv, dass sich das soziale Gefüge im Unternehmen im Zuge des Wachstums zu ihren Ungunsten verschoben hat. Und die Kolleg*innen, die während der Weihnachtsansprache ihres Vorgesetzten gemeinsam flüstern und kichern (2.7), stabilisieren sich – vermutlich aus Überforderung angesichts der plötzlichen Emotionalität – gegenseitig in ihrem regressiven Verhalten. Die psychosoziale Dimension von Abwehr ist in Kapitel 2 nicht explizit als solche benannt und ausbuchstabiert worden. Das wollen wir nun nachholen und dafür die *interpersonale Abwehr* und die *institutionalisierte Abwehr* voneinander unterscheiden. Die klare Trennung zwischen all diesen Formen ist, wie schon die strikte Trennung zwischen den Abwehrmechanismen, eine analytische. In der Realität treten sie in verschiedenen Kombinationen auf. In ihren Zielen unterscheiden sich die verschiedenen Formen der Abwehr nicht: Wie schon bei der intrapsychischen Abwehr geht es immer darum, Angst oder andere unangenehme bzw. unakzeptable Empfindungen aus dem Bewusstsein fernzuhalten.

3.1 Interpersonale Abwehr: Aufbau gemeinsamer Schutzsysteme

Bei der *interpersonalen Abwehr* realisiert sich die Abwehr von Person A in der Interaktion mit Person B und ggf. weiteren Personen, die durch ihre Eigenschaften oder ihr Verhalten die Abwehr von A ermöglichen bzw. fördern. Das kann einseitig sein (wie im Beispiel zur projektiven Identifizierung, vgl. 3.4), aber auch wechselseitig, so dass sich A und B gegenseitig in ihrer Abwehr stabilisieren. Das abwehrstabilisierende Verhalten bei Person B kann entweder von vornherein vorhanden sein – weil die Person entsprechend des *passenden Rollenverhaltens* ausgewählt wurde – oder entstehen, weil sie von Person A *manipulativ zu diesem Verhalten gebracht* wurde (Mentzos, 2016).

Mutproben, Initiationsrituale und Gruppenzwang
auf der Baustelle

Beispiel: Der Psychiater und Psychoanalytiker Christophe Dejours beschreibt in seinem Buch »Psychopathologien der Arbeit« (2012), wie Bauarbeiter die Gefahren an ihrem Arbeitsplatz negieren und sich kollektiv gegen die auf der Baustelle geltenden Sicherheitsbestimmungen wehren: »Üblicherweise legen die betreffenden Arbeiter eine Art passiven Widerstand und manchmal geradezu Widerwillen gegen die Beachtung von Sicherheitsanweisungen und die Zusammenarbeit mit Arbeitsschutzexperten an den Tag« (Dejours, 2012, S. 19f.). Statt ihre Tätigkeit so risikoarm wie möglich zu verrichten, setzen sie sich unnötigen weiteren Gefahren aus: Sie fordern sich gegenseitig zu Mutproben heraus und veranstalten regelrechte Wettbewerbe, bei denen sie sich im Hinblick auf Kraft und Waghalsigkeit miteinander messen. Besonders bedeutsam werden diese Rituale im Rahmen der Initiation neuer Arbeiter auf der Baustelle: Die neuen Kollegen werden systematisch herausgefordert und es droht ihnen der Ausschluss aus der Gruppe und Mobbing, wenn sie sich den Ritualen verweigern. Auch die Darstellung von Ängsten, Unsicherheiten oder Sicherheitswünschen wird sanktioniert. Es ist »verboten, von Angst zu sprechen, folglich auch verboten, Sinn für Vorsicht an den Tag zu legen, sich allzu sehr für Sicherheit und Schutzvorkehrungen zu interessieren« (Dejours, 2012, S. 21). All dies gilt als unmännlich. Alkohol wird in großen Mengen konsumiert.

Rigide Formen der Angstabwehr als Preis für die Arbeitsfähigkeit

Dejours interpretiert das Verhalten der Bauarbeiter als *interpersonale Abwehr* im Kontext der allgegenwärtigen Gefahr für Leib und Leben, deren Bewusstwerdung die Arbeiter lähmen würde: Sie könnten ihre Tätigkeit auf der Großbaustelle dann nicht mehr ausüben, da sie von Angstgefühlen und Schutzwünschen überflutet werden würden. Um die Angst, die eigentlich ständig präsent sein müsste, in Schach zu halten und nicht spürbar werden zu lassen, haben sich die Betroffenen ein komplexes interpersonales Abwehrsystem aufgebaut. Sie ermöglichen es sich damit gegenseitig, Gefühle der *Realangst* und Schutzlosigkeit herunterzuregulieren bzw. aus dem Bewusstsein fernzuhalten. *Verdrängung* und *Verleugnung* (der allgegenwärtigen Gefahr und ihrer schmerzhaften Bedeutung für das eigene Wohlbefinden) spielen bei dieser wechselseitigen Stabilisierung sicher eine Rolle. Bei den demonstrativen Mutbekundungen könnte es sich um *Reaktionsbildung* handeln (es wird Waghalsigkeit anstelle von Furcht gezeigt). Sicherheitsbedürfnisse bei anderen werden massiv *entwertet* und der Alkoholkonsum könnte auf *regressive Tendenzen* hindeuten.

Anpassung oder Ausschluss: Die Enkulturation neuer Mitglieder

All dies spielt sich in einem kollektiven System ab, das ganz offensichtlich auf den Beitrag jedes einzelnen Mitglieds angewiesen ist und diesen Beitrag dementsprechend mit Nachdruck einfordert: Sobald neue Arbeiter die Bühne der Baustelle betreten, findet ein rigider Enkulturationsprozess in die bestehende Abwehrformation statt. Die Härte, mit der alle Akteur*innen auf die gemeinsame Strategie eingeschworen werden (bzw. sich gegenseitig einschwören), verweist darauf, wie wichtig der geschlossene Umgang mit der allgegenwärtigen Gefahr für die innere Balance der Bauarbeiter ist. Wer sich nicht bruchlos in das Abwehrsystem hineinsozialisieren lässt, z. B. weil er von seinen Sicherheitsbedürfnissen nicht lassen will, wird zu einer Bedrohung für eben dieses System und damit zugleich zu einer Gefahr »für das seelische Gleichgewicht der anderen Arbeiter« (Dejours, 2012, S. 27). Bei neuen Arbeitern auf der Baustelle könnte der Abwehrmechanismus der Identifikation mit dem Aggressor zum Einsatz kommen, so dass sie die selbst erfahrene Härte später in gleicher Weise gegen neue Kollegen richten.

Die Ambivalenz des Abwehrsystems: Kosten und Nutzen

Deutlich wird, dass auf der Baustelle ein komplexes Abwehrsystem eingesetzt wird, um angesichts der arbeitsspezifischen Belastungen nicht verrückt zu werden – ganz gleich, wie funktional oder dysfunktional man das System einschätzen möchte. An das Beispiel der Bauarbeiter sind, auch wenn es plakativ ist, viele Arbeitssituationen gut anschlussfähig. Grundsätzlich können wir davon ausgehen, dass jedes Arbeitsumfeld (auch) bestimmte negative Gefühle auslöst, und dass diesen Gefühlen und Affekten entsprechend korrespondierende Abwehrmuster gegenüberstehen. Diese Abwehrprozesse binden auf der einen Seite Energie und Ressourcen – im Falle der Bauarbeiter gehen sie unter anderem mit einem erhöhten Verletzungsrisiko einher, befördern (durch die Notwendigkeit des Alkoholkonsums) den Substanzmissbrauch und verunmöglichen neuen Kollegen, die sich nicht anpassen wollen oder können, die Mitarbeit. Auf der anderen Seite kann die Abwehr auch die Voraussetzung dafür sein, dass die Arbeit unter den gegebenen Bedingungen *überhaupt* ausgeführt werden kann (Herkommer et al., 2017) – auch dies wird am Beispiel der Bauarbeiter augenscheinlich. Damit steht zugleich die Frage im Raum, wie die Rahmenbedingungen so verändert werden könnten, dass eine solch rigide Abwehr obsolet werden würde.

Christophe Dejours behandelt also eine *interpersonale* Abwehrkonstellation in dem Sinne, dass sich die Bauarbeiter gegenseitig in ihrer Abwehr stützen. Sie ermöglichen sich damit ein weitgehend angstfreies Arbeiten, das sie ohne diese Form der Abwehr vermutlich nicht realisieren könnten. Allerdings ist die beschriebene gemeinsame Abwehr keine, die an spezifische Personen und ihre spezifischen Schicksale gebunden wäre, sondern es zeichnen sich bereits deutliche institutionalisierte Elemente ab (Neuberger u. Kompa, 1987).

> **Institutionen** sind handlungsleitende Regelsysteme oder Orientierungsmuster, die das Verhalten von Individuen vorstrukturieren und vorhersagbar machen (Esser, 2000). Dazu zählen z.B. Normen wie das Rechtssystem, die Ehe oder Rituale und Gebräuche wie Weihnachten und auch verschiedene Formen der Begrüßung. Zweckrationale und emotionale Aspekte vermischen sich bei den Institutionen, was sie Mentzos (2016) zufolge besonders dafür prädestiniert, »im Dienste der neurotischen psychosozialen Abwehr [zu] stehen« (S. 81).

3.2 Institutionalisierte Abwehr: Normen, Standards, Rituale und Narrative

Das Bauarbeiter-Beispiel zeigt eine interpersonale Abwehrkonstellation, im Rahmen derer sich die Beteiligten gegenseitig in ihrer Abwehr stabilisieren. Dabei wird auf Institutionen in Form von Mutproben und Wettbewerben – als Rituale und zur Enkulturation neuer Kollegen – zurückgegriffen. Der Begriff der Enkulturation deutet schon darauf hin, dass in die herrschende *Kultur* hineinsozialisiert wird – auch wenn wir nichts darüber erfahren, inwiefern es sich bei den beschriebenen Mustern um organisationskulturelle Elemente oder die spezifische Subkultur in der Bauarbeitergruppe handelt.

Die Bedeutung der Organisationskultur als
institutionalisierte Abwehr

Das Konzept der **Organisationskultur** steht für geteilte Werte, Symbole und Übereinkünfte, die sich in der Organisation über die Zeit hinweg entwickelt haben und das organisationale Handeln informell beeinflussen (Schreyögg, 2008). Einem Modell von Edgar Schein (1984) zufolge existieren in einer solchen Kultur (meist unbewusste) Basisannahmen, auf denen sich (teilweise bewusste) Normen und Standards entwickeln, die sich wiederum auf der Handlungsebene in sichtbaren Praxen manifestieren. Institutionen sind ein zentraler Bestandteil von Organisationskulturen auf der Ebene der Normen und Standards – ob in Form spezifischer Rituale und Zeremonien (Trice & Beyer, 1984; Harris & Sutton, 1986) oder immer wieder erzählten Mythen und Legenden, auf die gemeinsam Bezug genommen wird und die handlungsleitend sind (Neuberger & Kompa, 1987).

Die Organisationskultur kann insofern als *institutionalisierte Abwehr* verstanden werden (Neuberger & Kompa, 1987), dass den gültigen Normen und Standards (Institutionen) ebenso wie den (informellen) institutionalisierten Verhaltensmustern in der Organisation eine angstabwehrende Funktion zukommt. Die Kultur stellt damit »in ihren Institutionen Abwehr- und Entlastungsmöglichkeiten für den Einzelnen bereit« (Möller et al., 2015, S. 11). Dabei kann es sich – wie beschrieben – um Mutproben und Wettkämpfe im Sinne der Angstabwehr handeln oder auch um starre Hierarchien und *Hackordnungen,* die dazu dienen, Neid und Unterlegenheitsgefühle der Älteren gegenüber den Jüngeren einzuhegen (Mertens, 1997). Neuberger und Kompa (1987) beschreiben in ihrem Buch »Wir, die Firma. Der Kult um die Unternehmenskultur« eindrücklich, wie individuelle Ängste – etwa die Angst vor Verschmelzung oder vor Schutzlosigkeit – in Organisationen eine institutionelle Abwehrentsprechung finden: Durch

Formalisierung und das Pochen auf Dienstwege, hierarchische Führung und Sozialleistungen. Eine ähnliche Funktion können starke Narrative übernehmen, die in Organisationen Gültigkeit haben wie das Narrativ des *machtfreien Raumes* in sozialen Organisationen, mit dessen Hilfe die Organisationsmitglieder ihre Ängste vor den eigenen Macht- und Geltungswünschen regulieren können.

Die Illusio des Feldes oder: Was muss verdrängt und verleugnet werden?

Neben den individuellen Ängsten und inneren Konflikten, die Menschen in die Organisationen mitbringen, gibt es auch solche, die durch die Organisation erst *ausgelöst* werden und die kollektiv abgewehrt werden müssen (Herkommer et al., 2017). Aus der Perspektive der institutionalisierten Abwehr wird vieles, was auf Beobachter*innen, wie z. B. Berater*innen, organisationaler Settings zunächst befremdlich oder irritierend wirkt, zumindest hypothetisch verständlich. Zentraler Bestandteil einer Organisationskultur – oder, wie es der Kultursoziologe Pierre Bourdieu sagen würde, des *soziales Feldes Organisation* – ist die gemeinsame Überzeugung von der *Sinnhaftigkeit* des dortigen Geschehens (Bourdieu, 2001). Bourdieu spricht von einer *Illusio des Feldes* und meint damit, dass die Organisationsmitglieder sich mit der Organisation und ihren Zielen identifizieren und die dortigen Glaubenssätze mittragen und leben. Wichtige Glaubenssätze richten sich auf die Ziele und Interessen des Feldes, aus denen es zugleich seine Daseinsberechtigung ableitet. Das ist etwa für die Wissenschaft ein »interesseloses Interesse an der Wahrheit« (Nassehi, 2002), für kirchliche Einrichtungen die selbstlose Hilfsbereitschaft, für Sozialunternehmen die Idee der solidarischen Gemeinschaft etc. Wenn diese Illusio (und *Illusion*) bruchlos gehalten werden soll, ergibt sich die Notwendigkeit zur Abwehr schon daraus, dass sie das natürlich nicht ist: die Organisation oder genauer gesagt ihre Mitglieder müssen verdrängen, verleugnen und rationalisieren, was nicht der Illusion entspricht, nicht zur Wunschidentität ihrer Organisation passt.

So gibt es Themen, die in einer Abteilung oder einem Team wie in stiller Übereinkunft ausgespart (oder: *verdrängt*) werden: Etwa Fragen von Macht und Hierarchie im sozialen Bereich. In manchen Organisationen existieren Arbeitsbereiche oder Funktionen, auf die sich alle gemeinsam mit Verachtung *(Abwertung)* beziehen – weil ihre pure Existenz die Illusio des Feldes brüchig werden lässt – z. B. die »pedantische« Buchhaltung in der Werbeagentur oder das Controlling im Krankenhaus. Von außen absurd anmutende Praxen können von den Organisationsmitgliedern in großer Übereinstimmung gerechtfertigt und vermeintlich vernünftig erklärt *(rationalisiert)* werden. Oder es existieren offensichtliche Risiken und Gefahren im Zusammenhang mit der Arbeitstätigkeit, die wie bei den Bauarbeitern von allen gemeinsam negiert *(verleugnet)* werden – nicht nur, aber auch, weil sie das Bild der fürsorglichen Organisation zerstören würden. Solche auf den ersten Blick merkwürdigen Praxen sind häufig weder effizient noch effektiv und können der Organisation schaden. Verstehbar werden diese Handlungen jedoch vor dem Hintergrund, dass auf diese Weise »problematische Wünsche, Gedanken und Impulse nicht nur individuell, sondern auch im Kollektiv abgewehrt werden« (Herkommer et al., 2017, S. 49). So wird auch klar, weshalb Organisationsmitglieder manch vermeintlich überkommenes Ritual rigide verteidigen: Hier wird in Wahrheit nicht um das Ritual selbst, sondern um die »Tradierung dieser Form der Angstabwehr« (Mertens, 1997, S. 65) gekämpft. Institutionalisierte Abwehr ist damit in die Strukturen und die Kultur einer Organisation eingegossen.

Ein **Beispiel** für den kollektiv eingesetzten Abwehrmechanismus der Verleugnung bieten die Beschäftigten der ersten Stunde im mittelständischen Softwareunternehmen TURIN GmbH, die gemeinsam ausblenden, dass sich mit steigender Unternehmensgröße auch im sozialen Miteinander viel verändert hat – und dass sie von einer Beziehung auf

Augenhöhe mit den Geschäftsführern inzwischen weit entfernt sind (2.2). Dazu berufen sie sich gemeinsam mantraartig auf das Narrativ des familiären Miteinanders und den Garagen-Gründungsmythos, der als Institution fest in der Unternehmenskultur verankert ist. Den beiden neuen Mitarbeitern, die im letzten Jahr ins Unternehmen gekommen sind, erscheint die dauernde Beschwörung der familiären Nähe und der Garagenvergangenheit völlig suspekt.

Herkommer et al. (2017) zeigen empirisch, dass sich bei den Beschäftigten einer Kindertagesstätte eine signifikante Häufung des Abwehrmechanismus der altruistischen Abtretung findet. Interpretiert wird dieses Ergebnis so, dass »bei der Arbeit in einer sozialen Organisation, wie in diesem Falle einer Kita, der kollektive Altruismus das Bedürfnis der Angestellten nach beruflicher Gratifikation durch Vorgesetzte mittels Verschiebung auf die Kinder überträgt« (Herkommer et al., 2017). Anders gesagt: Da die Gratifikation für die Kita-Mitarbeiter*innen bescheiden ist und es zur feldspezifischen Kultur (und Illusio) gehört, eigene Bedürfnisse ebenso bescheiden hintanzustellen, wird die Erfüllung der eigenen Entwicklungs- und Geltungsbedürfnisse verdrängt und altruistisch an die Kinder abgetreten.

4 Erkennen von Abwehr – Umgang mit Abwehr

Der Psychoanalytiker Karl König (2007) beschreibt die Abwehrmechanismen als »Phänomene, die zu *beobachten* oder relativ leicht zu erschließen sind« (S. 11). Was erfahrenen Analytiker*innen leicht fällt, ist erfahrungsgemäß für interessierte Lai*innen nicht so einfach. Wie bereits beschrieben, ist es nicht trivial, Abwehrmechanismen zu erkennen, schon gar nicht in Situationen, in denen man nicht mit ihnen rechnet. Denn Abwehrmechanismen treten nicht eindeutig in der Gestalt von Abwehrmechanismen auf, sondern sie tarnen sich, indem sie mimikryartig Verhaltensweisen gleichen, die wir aus der Realität kennen: Gemeinsam mit der Abwehr kommt immer auch ein »Widerstand gegen das Aufdecken von Abwehr« (Ehlers, 2014, S. 15).

Konkret bedeutet das: Das Verhalten, das Menschen als intrapsychische Bewältigung unangenehmer Gefühle und Affekte in Abwehrsituationen zeigen, um ihr Selbst vor Erschütterungen zu schützen, könnte dem äußeren Anschein nach auch bewusstes Verhalten sein. Nicht selten klingt das, was sich als *Rationalisieren* herausstellt, zunächst nach einem klugen und wohldurchdachten Argument. Personen, die ihre eigenen unbewussten Gefühle und Befürchtungen projektiv anderen zuschreiben, beschreiben ihre Eindrücke absolut schlüssig. Wendungen gegen das Selbst sind kaum von (berechtigter oder unberechtigter) Selbstkritik zu unterscheiden und werden in dieser Lesart als kulturell zulässig und sympathisch wahrgenommen. Abwehr sieht nicht wie Abwehr aus, sie tarnt sich sowohl vor dem Gegenüber als auch vor der Person, die abwehrt. Und der Fakt, dass letztlich »alles zu Abwehrzwecken eingesetzt werden [kann]«

(König, 2007, S. 15) – unter dem Dach des einen oder des anderen Mechanismus – macht es nicht leichter. Menschen, die abwehren, wirken oft sehr glaubwürdig – weil sie selbst keine *Dissonanz* wahrnehmen. Wer verdrängt, kann sich wirklich nicht erinnern. Und wer rationalisiert, ist in diesem Moment überzeugter als jede*r andere von der eigenen Argumentationskette. Umgekehrt sind Berater*innen, Führungskräfte und HR-Spezialist*innen selbst Menschen, die abwehren, was ihr inneres System überfordern würde – und können deshalb vielleicht gerade die eigenen Lieblingsmechanismen bei anderen schwer erkennen.

Anhand der Beratungspraxis tragen wir in diesem Kapitel Anzeichen zusammen, die für Abwehrmechanismen hellhörig und -fühlig machen können (4.1). Im Anschluss daran widmen wir uns der Frage, wie Beratende und andere Akteur*innen im organisationalen Kontext mit Abwehrmechanismen – wenn sie denn von solchen ausgehen – umgehen können. Ein Universalrezept im Umgang mit Abwehr im organisationalen Kontext gibt es nicht. Wir stellen jedoch Ansätze vor, die sich in der Praxis bewährt haben (4.2).

4.1 Das Problem der Tarnung: Ist es Abwehr oder Realität?

Wie schon beschrieben: Es gibt Verhaltensweisen, die ein (unbewusster) Abwehrmechanismus sein können, auch in der bewussten Variante. Oder anders gesagt: Die Frage, »welche psychischen Phänomene als Realität und welche als Abwehr zu verstehen sind« (Möller et al., 2015, S. 12), ist kaum eindeutig zu beantworten. Rationale Argumente können rationale Argumente sein – oder ein Rationalisieren im Sinne eines Schutzmechanismus der Seele. Abstraktion ist an vielen Stellen gut und keine Theoriebildung wäre ohne sie möglich – und sie kann in Form des *Intellektualisierens* vom Unterbewusstsein als Abwehrmechanismus gebraucht werden. Regressive Tendenzen, wie im Urlaub oder im Beisein naher Menschen, ermöglichen wertvolle innere Pausen (Lempp, 2003) – und sie können als Abwehrmechanismen eingesetzt werden. Wenn anderen etwas zugeschrieben wird, kann es sich hierbei um eine realistische Einschätzung handeln – oder um den Abwehrmechanismus der Projektion. Und so weiter. Jedes *potenzielle* Abwehrverhalten kann also auch bewusst und verantwortlich und unter Einbezug der damit einhergehenden Konsequenzen stattfinden – und damit *Realität* sein.

Hinzu kommt, dass es keine *eindeutigen Auslöser* für Abwehr gibt. Zwar sind – wie in Kapitel 1 beschrieben – potenziell angstauslösende und das Selbst herausfordernde Prozesse der Veränderung, die Infragestellung des Gewohnten und Vertrauten, potenziell widerstands- und abwehrkritisch und die so genannte *VUCA-Welt* bietet viele Anknüpfungspunkte für Überforderung. Das ablehnende Erleben im Rahmen des Widerstands und der Einsatz von Abwehrmechanismen ist letztlich jedoch nicht von äußeren, sondern von inneren Bedingungen abhängig. Oder anders gesagt: Wann das psychische Gleichgewicht und die emotionale Sicherheit einer Person in Gefahr sind, wann sie also in Situationen gerät, in denen sie sich mit Hilfe unbewusst ablaufender Mechanismen schützen muss, ist eine individuelle Frage. Nichtsdestotrotz gibt es einige Anzeichen, die die Hypothese zulassen, dass bei einer Verhaltensweise oder Reaktion Abwehr im Spiel sein könnte. Die Anzeichen sind nicht trennscharf, sondern können als unsystematische Sammlung verstanden werden.

Schnelles Ja, schnelles Nein – Zugeständnis oder Ablehnung ohne Vorlauf

Wenn Personen in Situationen, in denen sie mit Vorschlägen oder Anfragen konfrontiert werden, scheinbar ohne zu überlegen und reflexhaft antworten, kann das bedeuten, dass sie die Situation gedanklich bereits vorweggenommen haben, ihre Position feststeht und sie nicht mehr darüber nachdenken müssen. Ist dies unwahrscheinlich, ist Abwehr zumindest eine Hypothese wert.

Beispiel: Ein Sozialunternehmen will unterschiedliche Angebote zusammenlegen und in diesem Zuge das Leitungsteam umstrukturieren. Kernstück der Veränderung ist die Zusammenlegung der allgemeinen Sozialberatung, die seit 25 Jahren von Barbara Mai geleitet wird, mit der Familienberatungsstelle, deren Leiter Carlo Freitag sich gerade in einem Sabbatical befindet. Das Verhältnis zwischen Barbara Mai und Carlo Freitag ist sachlich und distanziert – die beiden haben unterschiedliche Vorstellungen von der sozialen Arbeit und verfolgen verschiedene Beratungsansätze. Im Zuge der Zusammenlegung sucht die Geschäftsführerin des Verbands das Gespräch mit Barbara Mai: Ihre Vorstellung ist, dass Mai und Freitag den Beratungsbereich zukünftig als Doppelspitze leiten, wobei Mai formal als Stellvertreterin fungieren soll. Barbara Mai solle sich binnen einer Woche überlegen, ob dies für sie in Frage käme (es sei ja schließlich ein formaler Abwärtsschritt, auch wenn sich dieser nicht in der Bezahlung bemerkbar machen würde), andernfalls müsse man weitersehen. Barbara Mai antwortet wie aus der Pistole geschossen: »Da brauche ich überhaupt nicht zu überlegen. Wenn das im Sinne des Unternehmens ist, können wir das gern so machen.«

Das unmittelbare Ja im Beispiel macht stutzig; erwartbar wäre eine deutlich verhaltenere Reaktion gewesen. Schließlich geht es um Autonomie- und Statusverlust sowie die Zusammenarbeit mit einem potenziell schwierigen Kollegen. Welcher Abwehrmechanismus bzw. welche Kombination von Abwehrmechanismen hier vorliegen könnte, wäre – die Abwehrhypothese grundsätzlich vorausgesetzt – das nächste Puzzlestück. In Frage kämen (einzeln oder kombiniert) z. B. *Progression* (es wird erwachsen der vermeintlich *vernünftigen* Lösung zugestimmt und dabei die eigene Toleranzgrenze überschätzt), *Verleugnung* (die Tatsache der Zusammenlegung und der neuen Leitungsaufteilung ist bewusst, gleichzeitig wird ihre Bedeutung ausgeklammert) oder *Verdrängung* (das distanzierte und schwierige Verhältnis zu Carlo Freitag ist von der inneren Bühne verschwunden).

Vehement und heftig – unerwartete Ausschläge
im Verhalten oder beim Berichten

Wenn Personen in Situationen, in denen wir es eigentlich nicht erwarten, in ihrem Verhalten plötzlich sehr vehement werden – sei es im Sinne missionarischen Eifers oder indem Einwände und Gedanken anderer abgebügelt werden – kann dies ein Anzeichen für Abwehr sein. Mertens (1997) wertet »inadäquate Reaktionen« (S. 64) sogar generell als entsprechenden Hinweis.

Eine irritierende Vehemenz spielt in einigen der Beispiele aus Kapitel 2 eine Rolle. So wundert sich der Freund von Lisa Bachmann über die Heftigkeit, mit der sie seine Frage nach dem Wochenendeinkauf zurückweist (2.6): Ein einfaches Nein hätte es auch getan (In Wirklichkeit geht es nicht um den Einkauf, sondern er fungiert als Sündenbock – da sie ihre Wut auf den Vorgesetzten unbewusst auf ihn *verschiebt*). Frau Mozart, die Klientin der Sozialarbeiterin Miriam Sommer, ist überrascht darüber, wie ungestüm ihr Miriam Sommer beim Aufräumen hilft (2.4) – und dabei komplett die Regie übernimmt und Frau Mozart mit Tipps und inspirierenden Appellen überhäuft (Dass sie gerade zum Zielobjekt einer *altruistischen Abtretung* wird, kann Frau Mozart nicht wissen.). Ähnlich geht es den Patient*innen des Landarztes Peter Frühling (2.4): Sowohl der Schichtarbeiter als auch die alleinerziehende Mutter fühlen sich von der Vehemenz, mit der ihr Arzt ihnen ins Gewissen redet und *Pausen* verordnet, ein wenig überfahren. Und nicht zuletzt wundert sich die Schulungsleiterin, die während der Einführung in das neue Softwaresystem von der Verwaltungsmitarbeiterin rüde angegangen wird *(Suchen Sie sich doch andere Deppen für Ihre Beschäftigungstherapie!)* und der Personaler, der das Vorstellungsgespräch mit dem potenziellen Pressereferenten führt *(Diese Ausfragerei hier wird mir langsam wirklich zu blöd!)* über die heftige Reaktion ihres Gegenübers – beide ahnen nicht, dass sie es mit überforderten Personen zu tun haben, die *ausagieren* (2.14).

Eine etwas andere Form ist die Vehemenz auf der *inhaltlichen* Ebene – wenn Situationen oder Ereignisse (z. B. in der Coachingsitzung), unerwartet extrem dargestellt werden (etwa bei der Beschreibung der eigenen Organisation oder der Vorgesetzten, im Positiven wie im Negativen) und kaum Ambivalenzen zulassen. Dies wirft den Gedanken an *Idealisierung, Entwertung* oder *Projektion* auf.

> **Beispiel:** Als der Coachee in der ersten Sitzung beginnt, seine Organisation zu beschreiben, ist der Coach erstaunt: Er entwirft das Unternehmen als perfekten Arbeitgeber und kommt aus dem Schwärmen gar nicht heraus. Er beschreibt es als *Wunder,* einen solchen Arbeitgeber gefunden zu haben und vergibt *elf von zehn Punkten.* Wer hier etwas auszusetzen habe, *solle sich mal untersuchen lassen.* Die Nachfrage, ob es auch einen kleinen Kritikpunkt gäbe, wird vehement zurückgewiesen.

Das ist doch seltsam – Irritation und Verwirrung beim Zuhören

Ein Seismograph für das Aufspüren von Abwehr ist das eigene Empfinden. Dass Irritation, Verwirrung und Überraschung wertvolle Anhaltspunkte für mögliche Abwehr liefern können, ist in den Vehemenzbeispielen bereits deutlich geworden, und es gilt über diesen Bereich hinaus. König (2007) formuliert es analog für den therapeutischen Kontext: »Wenn Unklarheiten in der Behandlung auftauchen, wird der Therapeut daran denken, welche Abwehrmechanismen das, was er nicht versteht, beeinflusst haben könnten« (S. 9). Ebenso stehen die Abwehrhypothese – und konkret die Mechanismen *Regression* und *Progression* – im Raum, wenn sich das Gegenüber plötzlich deutlich reifer oder unreifer verhält, als man es »bei unbefangener Einschätzung von ihm erwarten würde« (S. 87). Ganz generell kann man sich selbst, wann immer das Verhalten des Gegenübers Ratlosigkeit auslöst, fragen: *Was würde eine zur Selbstberuhigung fähige erwachsene Person in dieser Situation tun?* Wenn das gezeigte Verhalten von der Antwort auf diese Frage irritierend weit abweicht, kann Abwehr in Betracht gezogen werden.

Manchmal sind Darstellungen irritierend, unglaubwürdig oder widersprüchlich: Jemand holt unendlich weit aus, kommt gefühlt vom Hundertsten ins Tausendste, baut Abstraktion und Rechtfertigung ein *(Intellektualisieren? Rationalisieren?)*, wir fühlen uns *vollgequatscht.* Und haben den Eindruck, dass Nebensächlichkeiten völlig unverhältnismäßig aufgebauscht werden (und uns dabei unendlich *langweilig* wird), während die Erzählung dessen, was wir als Kern der Geschichte wahrnehmen, seltsam *verkürzt* erscheint. All diese Phänomene hinterlassen Verwirrung, Irritation, vielleicht auch Ärger und Gereiztheit. Denkbar ist, dass wir bewusst *angelogen* werden – oder, dass wir es mit einer *unwissenden* Person zu tun haben. Wenn sich diese beiden Möglichkeiten als unzutreffend herausstellen, steht der Gedanke an Abwehr im Raum.

Nicht zuletzt kann es irritierend sein und den Gedanken an Abwehr nahelegen, wenn dargestellte Gefühle nicht zur dargestellten Situation passen. Wenn z. B. ein Inhalt berichtet wird, der Ärger oder Wut erwarten ließe, dieses Gefühl dem Anschein nach aber ausbleibt *(Reaktionsbildung? Isolierung vom Affekt?)* – und wir die unterschwellige Aggressivität dennoch spüren können.

> **Beispiel:** Mira Sonntag arbeitet als Junior Consultant in einer Unternehmensberatung. Im Coaching erzählt sie von ihrem Kollegen, der seit einigen Monaten fast durchgehend krank ist. Sie vertritt ihn bei einem Großteil seiner Kunden und arbeitet deshalb aktuell bis spät abends und beinahe jedes Wochenende. Das bringt sie völlig an ihre Grenzen. An einigen Stellen im Gespräch deutet Mira Sonntag an, ihr Kollege sei wohl sehr »wetterfühlig« und »müsse sich viel schonen«. Sie sagt das mit einer mädchenhaft-sanften, fürsorglichen Stimme.

4.2 Der Umgang mit Abwehr: Raum geben und die Angst adressieren

Bei der Überlegung, wie ein produktiver Umgang mit Abwehr aussehen könnte, ist es hilfreich, sich noch einmal die *Funktion* der Abwehrmechanismen vor Augen zu führen. Abwehrmechanismen werden eingesetzt, um unerträgliche Empfindungen und Affekte aus dem Bewusstsein fernzuhalten. Ganz gleich, in welcher Gestalt sie auftreten, d. h. in welchen Mechanismen sich die Abwehr konkretisiert: Ihre Funktion besteht immer darin, das Selbst vor dem Überflutetwerden mit Gefühlen wie Angst, Scham oder Überforderung zu schützen. Grundsätzliche Strategien im Umgang mit Abwehr im organisationalen Kontext zielen entsprechend – unabhängig von Beweggründen und eingesetzten Mechanismen der abwehrenden Person – auf den Phänomenbereich ab, der hinter der Abwehr steht: Die Realangst, die unbewusst in Schach gehalten werden muss. Die Frage lautet also nicht: *Wie gehe ich mit jemandem um, der oder die rationalisiert, verleugnet oder verschiebt?* Sondern die Frage lautet: *Wie gehe ich mit jemandem um, der oder die überfordert ist und Angst hat?* Genau diese Angst gilt es zu adressieren und das eigene Verhalten daran zu orientieren, damit es zur Angstreduktion beiträgt.

Wer abwehrt, schützt sich: Konfrontation ist zwecklos

Es gibt viele Abwehrsituationen, in denen man den Impuls verspürt, das Gegenüber inhaltlich oder bezüglich seines Verhaltens zu konfrontieren: So möchte man vielleicht der Vehemenz des anderen etwas entgegensetzen und Grenzen aufzeigen. Oder jemanden, der oder die rationalisiert, ausweicht oder inhaltliche Bezüge ganz offensichtlich nicht herstellt, mit dem offensichtlich Falschen konfrontieren, um die Person so dazu zu bringen, den eigenen Fehler doch bitte endlich einzusehen. Umso mehr, wenn man selbst Opfer des Angriffs einer abwehrenden Person geworden ist. Das ist möglich und der inneren

Entlastung vielleicht dienlich. Allerdings findet die Abwehr, wenn es sich denn um Abwehr handelt, ja *unbewusst* statt, auch wenn das im Moment des Geschehens nicht spürbar sein mag: »Eine Person, die im psychoanalytischen Sinne ›leugnet‹, verhält sich so wie jemand, der einen bestimmten Sachverhalt in seiner Bedeutung nicht zugeben *will*. In Wahrheit ist aber Abwehr in Funktion. Das ›Nicht-Wollen‹ ist unbewusst, und der Betreffende weiß auch nicht, dass er Abwehr einsetzt« (König, 2007, S. 41).

Entsprechend ist die direkte Konfrontation im Falle von Abwehr keine vielversprechende Intervention. Analog zur alten Weisheit *Kein Feedback auf Feedback* gilt in solchen Momenten: *Kein Feedback auf Abwehr*. Denn Konfrontation erzeugt (Rechtfertigungs-)Druck und erhöht die innere Not des Gegenübers sogar noch. Entweder bleibt die leugnende, isolierende, rationalisierende (oder auf andere Weise abwehrende) Person dann einfach bei ihrer Strategie, oder sie weicht auf einen oder mehrere andere Abwehrmechanismen aus und steigert die Abwehr in ihrer Rigidität vielleicht sogar. So hätte z. B. die Sprechstundenhilfe Frau Baugrund den (intellektualisierenden) Landarzt Peter Frühling genervt damit konfrontieren können, dass sein Impulsreferat über die arbeitswissenschaftliche Unterscheidung zwischen Belastung und Beanspruchung überhaupt nichts mit ihrer Frage zu tun hat (2.10). Da wir davon ausgehen, dass seine abstrahierende Reaktion nicht bewusst scherzhaft gemeint war, sondern dass es sich tatsächlich um den Abwehrmechanismus des Intellektualisierens handelte – mit Hilfe dessen Peter Frühling die für ihn unerträglichen emotionalen Inhalte unbewusst so formalisierte, dass die damit einhergehenden Gefühle ihn nicht mehr zu überfluten drohten –, hätte er auf Frau Baugrunds Intervention nur mit *mehr vom Gleichen* oder einer anderen Form der Abwehr reagieren können. Ebenso verhält es sich mit Personen, die sich aus Abwehrgründen rechthaberisch (rationalisierend) verhalten: in konfrontativen Auseinandersetzungen ist diesem Verhalten nicht beizukommen (König, 2007).

Erste Hilfe: Ruhe, Pausen, Langsamkeit

Abwehr ist das *Funktionsprinzip* des Widerstands (Küchenhoff, 2014) im Sinne des *intrapsychischen Umgangs* der sich im Widerstand befindenden Person mit ihren Ängsten und unangenehmen Impulsen. Wer abwehrt, steht innerlich mit dem Rücken zur Wand und handelt aus der Not heraus. Entsprechend gilt im Moment der Abwehr, was auch für den Umgang mit Widerstand gilt: Wenn möglich, ist das Tempo bzw. der Prozess zu verlangsamen und der Druck zu verringern. Dies gibt dem Gegenüber die Möglichkeit aus seiner defensiven Position herauszukommen. *Mit dem Widerstand, nicht gegen ihn* (Doppler & Lauterburg, 2019, S. 364) gilt auch für die Abwehr.

Um die Abwehr zu mindern ist es in solchen Situationen daher gut, Pausen herbeizuführen, damit die abwehrende Person Zeit und Raum hat, sich zu regulieren und innerlich wieder ins Gleichgewicht zu kommen. Sei es – z. B. in einem Meeting –, das Thema zu wechseln, das Fenster zu öffnen, unter einem Vorwand etwas zu trinken zu holen oder das eigene Bedürfnis nach einer Unterbrechung zu äußern. Manchmal genügt es, eine kurze Sprechpause zu machen und das Thema bzw. die eigene Aussage, nach der der Abwehrmechanismus auftrat, freundlich und klar zu wiederholen. Anstelle einer Konfrontation kann es auch funktionieren, das Gesagte der abwehrenden Person gelten zu lassen und die eigene Meinung *daneben*zustellen (»Ja, und …« statt »Ja, aber …«) – nicht als konkurrierende, sondern als ergänzende Einlassung, so dass alle Beteiligten ihr Gesicht wahren können. Es geht in diesem Moment nicht um Lösungsorientierung (Falls wir eine Lösung für irgendetwas zu wissen glauben, können wir sie im Kopf behalten und uns für später merken.).

Durch den Verzicht auf Konfrontation und die Verlangsamung des Prozesses wird bereits implizit das hinter dem Abwehrmechanismus liegende Gefühl der Angst adressiert. Indem die abwehrende Person Raum zur Selbstberuhigung bekommt, kann sie sich situativ entspannen und die Abwehr in diesem Moment nachlassen. Ein weiterer Schritt kann darin bestehen, mögliche Befürchtungen, die wir hinter der Abwehr vermuten, anzusprechen – also »auf die möglichen Motive einzugehen« (König, 2007, S. 42) – und sie für das Gegenüber zugänglich machen. Es gilt zu »verstehen, was der Betreffende fürchtet oder vermeiden oder verhindern möchte« (S. 62). Denn grundsätzlich ist es so, dass die Abwehr nur dann abgemildert werden kann, wenn auch die Angst nachlässt. In diesem Sinne ist ein wertschätzender, schützender und offener Umgang mit dem Konflikt zentral, da allein dieser schon eine »angstmindernde und damit ich-stärkende Wirkung« hat (Harsch, 1973, S. 131).

Ob ein Abwehrmechanismus zur Stabilisierung dringend notwendig ist oder ob er anachronistisch eingesetzt wird, die Person aber auch auf ihn verzichten könnte, ist von Fall zu Fall verschieden. Grundsätzlich zeigt sich das an der Reaktion des Gegenübers auf eine vorsichtige Exploration. Je notwendiger die Abwehr ist, desto schneller und rigider wird sie auch einsetzen – im Zweifelsfall in verstärkter Form (Harsch, 1973). Die Möglichkeit, Abwehr im Rahmen von Coaching abzumildern, ist sehr wünschenswert (Möller et al., 2015). Ob es funktioniert, hängt von der Bedeutung des Abwehrmechanismus für die Gesamtstabilität ab. *Notwendige* Abwehr in Frage zu stellen, ist kein Gewinn. Es gilt stattdessen, die Gefühle des Gegenübers gut im Blick zu behalten und die Person nicht zu destabilisieren. Diese *Gefühlsarbeit* ist Bestandteil von Beratung (Strauss et al., 1980; 1985).

Gefühlsarbeit ist ein elementarer Bestandteil von Interaktionsarbeit und bedeutet, auf den emotionalen Zustand des Gegenübers einzuwirken, um einen bestimmten Gefühlszustand bei diesem zu erreichen. Strauss et al. (1980; 1985) unterscheiden unterschiedliche Typen von Gefühlsarbeit. Besonders die *Fassungsarbeit (composure work)* scheint für die Beratung wichtig zu sein: Hier geht es darum, die Selbstkontrolle des oder der Klient*in aufrecht und ihn oder sie in der emotionalen Balance zu halten.

Entsprechend kann es bei Abwehrinterpretationen nicht darum gehen, mit der Tür ins Haus zu fallen – die Interpretation der Abwehr kann nur als Vermutung geäußert werden, begleitet von der Bereitschaft, eine zurückgewiesene Hypothese zu akzeptieren. Möller et al. (2015) plädieren im Hinblick auf Abwehr nachvollziehbarerweise für eine *intersubjektive Realitätskonstruktion* zwischen Coach und Klient*in, im Rahmen derer die Interpretation der Abwehr in dem Moment gültig wird, in dem der oder die Klient*in sie teilen kann. Wenn nicht, kann der oder die Coach die (abgelehnte) Interpretation als Hypothese im Kopf behalten und sie – weitere Hinweise vorausgesetzt – zu späterer Zeit erneut einbringen (S. 12).

5 Fazit: Abwehr als Perspektive und Lernfeld

5.1 Abwehr ist normal und allgegenwärtig

Abwehrmechanismen sind Schutzmechanismen: Sie werden überall dort eingesetzt, wo Menschen sich vor Angst und unerträglichen Gefühlen schützen (müssen) und helfen dabei, die Psyche im Gleichgewicht zu halten. Ob im Privatbereich oder im beruflichen Kontext – wir wehren überall ab. In Organisationen arbeiten Menschen, die ihre Geschichte, ihre Persönlichkeit und ihre Ängste mitbringen – und zugleich schüren Organisationen selbst Ängste, aufgrund ihrer inneren Brüche und gerade in Zeiten des Wandels, wenn unter Zeitdruck neue Kompetenzen angeeignet werden müssen und gewohnte, sicherheitsspendende Abläufe in Frage gestellt werden. Abwehr ist insofern nicht die Ausnahme, sondern die Regel: sie ist allgegenwärtig und Teil des Normalbetriebs.

Die Abwehrperspektive ist ein wertvolles Paradigma, um irritierende Prozesse, vermeintlich unerklärliche Situationen und Dynamiken, Missverständnisse und Reibungsverluste in Organisationen und im Rahmen der organisationalen Beratung besser zu verstehen. Personaler*innen, Führungskräfte und Berater*innen, die um die Existenz und Bedeutung von Abwehrmechanismen wissen, können in ihren Reaktionen und Umgangsweisen flexibler werden und versuchen, die Gefühle und Affekte *hinter* der Abwehr anstelle der vordergründigen Mechanismen zu adressieren. So manche frustrierende Situation, Selbstzweifel und unnötige Konflikte lassen sich auf diesem Wege vermeiden oder abmildern. Darüber hinaus ist es fruchtbar, die Organisationskultur aus der Perspektive der Abwehr in den

Blick zu nehmen und auszuloten, inwiefern sie Abwehr erfordert und ermöglicht. Da sowohl individuelle als auch kollektive Abwehr – bei aller Ubiquität – Energien und Ressourcen bindet und sowohl für die einzelnen als auch für die Organisation einen Preis hat, ist zu fragen, wie sich Arbeitsbedingungen so verändern lassen, dass bestimmte Abwehrmuster weniger rigide oder langfristig sogar überflüssig werden können. Ziel ist es, »Abwehrmechanismen abzumildern und rigide Formen aufzuweichen, um den Organisationsmitgliedern insgesamt situativ angemessenes Denken und Handeln zu ermöglichen« (Möller et al., 2015, S. 11). Auf der anderen Seite gilt es beim Wandel organisationaler Kultur stets im Blick zu behalten, inwiefern Kulturelemente der institutionalisierten Abwehr dienen – und ob (bzw. unter welchen Bedingungen) auf sie verzichtet werden kann.

5.2 Die eigene Abwehr als Sparringspartnerin nutzen

Wenn man sich mit den Themen Widerstand und Abwehrmechanismen auseinandersetzt, sind die eigenen Abwehrmechanismen ein wertvolles Lernfeld, das quasi rund um die Uhr verfügbar ist. Sich selbst beim Abwehren zu ertappen und die eigenen Muster dabei zu ergründen, ist mühselig, spannend und erkenntnisreich. Und es ist – das liegt in der Natur der Sache – kein einfaches Unterfangen. Das liegt nicht zuletzt daran, dass sich die Abwehr, wie beschrieben, tarnt. Das Unterbewusstsein will seine Abwehrmechanismen nicht preisgeben, sondern arbeitet nach Möglichkeit geräuschlos und ohne Spuren im Bewusstsein zu hinterlassen; die Abwehr soll nicht als solche erkannt werden, sich weder aufdecken noch beeinflussen lassen (Ehlers, 2014). Schließlich ist es gerade ihr Sinn und Zweck, dass sie eben *nicht* ins Bewusstsein gerät. Beim Aufspüren der Mechanismen können andere Personen helfen. Zum einen, indem sie unser Verhalten spiegeln und auf Lücken und Leerstellen in Erzählungen oder aus ihrer Sicht unangemessene Reaktionen und irritierende Situationen aufmerksam machen. Zum anderen, weil sie in ihrem Handeln und Erleben als Vergleichsfolie dienen, so dass Abweichungen umso neugieriger auf ihren Abwehrgehalt untersucht werden können (Mertens, 1997).

Und noch ein anderer Grund macht die Beschäftigung mit der (eigenen) Abwehr zu einer Herausforderung: Das Gelernte fällt erfahrungsgemäß immer mal wieder der eigenen Abwehr zum Opfer. *Ach, so ist das!* Und *Wie war das nochmal?* liegen nah beieinander. Das hat, man ahnt es schon, weniger kognitive Gründe: Widerstand und Abwehr sind theoretisch recht leicht verständlich. Auf der emotionalen Ebene sieht das anders aus. Gerade dann, wenn wir uns in Mechanismen wiedererkennen, wenn wir beim Lesen von Beispielen plötzlich eine leise Ahnung davon bekommen, dass uns etwas Ähnliches auch bei uns selbst schon begegnet sein könnte. Dann kann es passieren, dass wir verdrängen, verleugnen und rationalisieren, um uns – für den Moment – vor Irritation zu schützen. Dies wissend, lohnt es sich, dranzubleiben und immer wieder einen neuen Versuch zu starten. Denn ob beruflich oder privat, sagt auch der Psychoanalytiker Karl König (2007, S. 9): »In schwierigen Situationen kann es aber nützen zu verstehen, weshalb man selbst bestimmte Abwehrmechanismen in einer bestimmten Situation einsetzt und weshalb andere das tun«.

6 Literatur

Abels, H., u. König, A. (2010). Sozialisation. Soziologische Antworten auf die Frage, wie wir werden, was wir sind, wie gesellschaftliche Ordnung möglich ist und wie Theorien der Gesellschaft und der Identität ineinanderspielen. Wiesbaden: VS Verlag für Sozialwissenschaften.

Arbeitskreis OPD (Hrsg.) (2014). Operationalisierte Psychodynamische Diagnostik OPD-2. Das Manual für Diagnostik und Therapieplanung. Bern: Verlag Hans Huber.

Benjamin, L. S. (1995). Good defenses make good neighbours. In H. R. Conte u. R. Pluchtnik (Hrsg.), Ego defenses: Theory and measurement (S. 53–78). New York: Wiley.

Beumer, U. (2011). Aspekte der Psychodynamik von Organisationen und ihrer Beratung. Vortrag im Rahmen der DACH-Tagung in Schwerte am 14.02.2011. Online unter https://www.amd-westfalen.de/fileadmin/ dateien/dateien_lambeck/DACH_2011/DACH_Tagung_Beumer.pdf (Zugriff am 12.12.2020).

Beutel, M. (1990). Coping und Abwehr – Zur Vereinbarkeit zweier Konzepte. In F. A. Muthny (Hrsg.), Krankheitsverarbeitung (S. 1–12). Heidelberg: Springer Verlag.

Bibring, G. L., Dwyer, T. R., et al. (1961). A Study of the Psychological Processes in Pregnancy and of the Earliest Mother-Child Relationship. Psychoanalytic Study of the Child, 16, 25–72.

Boessmann, U., & Remmers, A. (2020). Praktischer Leitfaden der tiefenpsychologisch fundierten Richtlinientherapie. Wissenschaftliche Grundlagen, Psychodynamische Grundbegriffe, Diagnostik und Therapietechniken. Berlin: Deutscher Psychologen Verlag.

Bourdieu, P. (2001). Meditationen. Zur Kritik der scholastischen Vernunft. Frankfurt am Main: Suhrkamp Verlag.

Bremer, H., Bittlingmayer, U. H. (2008). Die Ideologie des selbstgesteuerten Lernens und die ›sozialen Spiele‹ in Bildungseinrichtungen. In G. Patzner, M. Rittberger, & M. Sertl (Hrsg.), Offen und frei? Beiträge zur Diskussion offener Lernformen. Schulheft (130), 30–51.

Brotheridge, C. M., & Grandey, A. A. (2002). Emotional Labor and Burnout: Comparing Two Perspectives of »People Work«. Journal of Vocational Behavior, 60(1), 17–39.

Brückner, F., & von Ameln, F. (2016). Agilität. Gruppe, Interaktion, Organisation, 47, 383–386.

Cohen F., & Lazarus, R. S. (1980). Coping with the stresses of illness. In G. C. Stone, F. Cohen u. N. E. Adler et al. (Hrsg.), Health Psychology – a handbook (S. 217–254). San Francisco: Jossey-Bass.

Cramer, P. (2006). Protecting the self. Defense mechanisms in action. New York: Guilford.

Dejours, C. (2012). Psychopathologien der Arbeit. Klinische Fallstudien. Frankfurt am Main: Brandes und Apsel.

Doppler, K., & Lauterburg, C. (2019). Change Management. Den Unternehmenswandel gestalten. Frankfurt a. M., New York: Campus Verlag.

Ehlers, W. (2014). Abwehrmechanismen. In W. Mertens (Hrsg.), Handbuch psychoanalytischer Grundbegriffe (S. 14–29). Stuttgart: Kohlhammer.

Elrod, N. (1991). Anna Freud setzt sich der Kritik aus. »Das Ich und die Abwehrmechanismen« unter die Lupe genommen. Psyche: Zeitschrift für Psychoanalyse und ihre Anwendungen, 45(12), 1101–1115.

Ermann, M. (2014). Widerstand. In W. Mertens (Hrsg.), Handbuch psychoanalytischer Grundbegriffe (S. 1078–809). Stuttgart: Kohlhammer.

Esser, H. 2000. Soziologie. Spezielle Grundlagen. Bd. 5. Frankfurt am Main: Campus Verlag.

Finkenzeller, H., & Riemer, S. (2013). Kompetenz und Reflexion. Kompetenzen beschreiben, beurteilen und anerkennen. Augsburg: Ziel Verlag.

Freud, A. (1936/2019). Das Ich und die Abwehrmechanismen. Frankfurt am Main: Fischer.

Frisch, M. (1967). Öffentlichkeit als Partner. Frankfurt am Main: Suhrkamp.

Giernalczyk, T, & Möller, H. (2018). Entwicklungsraum. Psychodynamische Beratung in Organisationen. Göttingen: Vandenhoeck & Ruprecht.

Habermann-Scotti, I., Kesebom, S., Stark, K., & Watzlawik, H. (2012): Die fabelhafte Welt des »Widerstandes«. Ohne Ort. https://www.systemischestudien.de/fileadmin/redakteur/Bilder/ISSES/Die_fabelhafte_Welt_des_Widerstands.pdf (Zugriff: 12.12.2020).

Harris, S. G., & Sutton, R. I. (1986). Function of parting ceremonies in dying organizations. The Academy of Management Journal, 29(1), 5–30.

Harsch, H. (1973). Theorie und Praxis des beratenden Gesprächs. Ausbildungskurs der Evangelischen Telefonseelsorge München. München: Chr. Kaiser Verlag.

Haubl, R., & Voß, G. G. (2009). Psychosoziale Kosten turbulenter Veränderungen. Arbeit und Leben in Organisationen 2008. In R. Haubl, H. Möller u. C. Schiersmann (Hrsg.), Positionen. Beiträge zur Beratung in der Arbeitswelt, 2009(1). http://www.sfi-frankfurt.de/fileadmin/redakteure/pdf/03_Mitarbeiter_PDFs/03 _Haubl_Publikationen/positionen-2009-1-Haubl-Voss.pdf (Zugriff: 12.12.2020).

Herkommer, R., Kretschmar, T., Kuchinke, L., & Schnabel, K. (2017). Kollektive Abwehrmechanismen in Organisationen. Wirtschaftspsychologie, 4/2017, 49–59.

Hilgers, M. (2012). Scham. Gesichter eines Affekts. Göttingen: Vandenhoeck & Ruprecht.

Hochschild, A. R. (2006). Das gekaufte Herz. Die Kommerzialisierung der Gefühle. Frankfurt am Main, New York: Campus Verlag.

Jansen, R. (2000). Arbeitsbedingungen, Arbeitsbelastungen und Veränderungen auf betrieblicher Ebene. In W. Dostal, R. Jansen u. K. Parmentier (Hrsg.), Wandel der Erwerbsarbeit: Arbeitssituation, Informatisierung, berufliche Mobilität und Weiterbildung (S. 39–66). BeitrAB231. Nürnberg.

Jungclaussen, I. (2020). COVID-19-Pandemie: Progression versus Regression. Deutsches Ärzteblatt, 4/2020. Online unter https://www.aerzteblatt.de/archiv/213537/COVID-19-Pandemie-Progression-versus-Regression (Zugriff: 12.12.2020)].

Keupp, H. (1997). Diskursarena Identität: Lernprozesse in der Identitätsforschung. In H. Keupp u. R. Höfer (Hrsg.), Identitätsarbeit heute. Klassische und aktuelle Perspektiven der Identitätsforschung (S. 11–39). Frankfurt am Main: Suhrkamp.

Kölling, W. (2004). Scham und Schamlosigkeit und ihre Bedeutung für das Coaching von Führungskräften. Organisationsberatung – Supervision – Coaching OSC, 11(1), 41–52.

König, K. (2007). Abwehrmechanismen. Göttingen: Vandenhoeck & Ruprecht.

Körner, J. (2014). Regression – Progression. In W. Mertens (Hrsg.), Handbuch psychoanalytischer Grundbegriffe (S. 803–809). Stuttgart: Kohlhammer.

Krapf, J. (2019). Lernkulturentwicklung zur Steigerung der organisationalen Agilität. Eine Design-Based Research-Studie. Dissertation an der Universität St. Gallen. http://verdi.unisg.ch/www/edis.nsf/SysLkpByIdentifier/4840/$FILE/dis4840.pdf (Zugriff: 12.12.2020).

Krappmann, L. (2005). Soziologische Dimensionen der Identität. Stuttgart.

Küchenhoff, J. (2014). Abwehr. In W. Mertens (Hrsg.), Handbuch psychoanalytischer Grundbegriffe (S. 7–14). Stuttgart: Kohlhammer.

Küpper, W., & Felsch, A. (2000). Organisation, Macht und Ökonomie. Mikropolitik und die Konstitution organisationaler Handlungssysteme. Wiesbaden: VS Verlag für Sozialwissenschaften.

Lazarus, R. S., & Folkman, S. (1984). Stress, appraisal and coping. New York: Springer.

Lempp, R. (2003). Das Kind im Menschen: Nebenrealitäten und Regression – oder: Warum wir nie erwachsen werden. Stuttgart: Klett-Kotta Verlag.

Marks, S. (2005). Arbeitsplatz Schule: Von der Beschämung zur Anerkennung. Bildung & Wissenschaft, 10/2005, 6–13.

Markus, H. (1983). Self-knowledge: An expanded view. Journal of Personality, 51(3), 543–565.

Mentzos, S. (2017). Lehrbuch der Psychodynamik. Die Funktion der Dysfunktionalität psychischer Störungen. Göttingen: Vandenhoeck & Ruprecht.

Mentzos, S. (2016). Interpersonale und institutionalisierte Abwehr. Frankfurt am Main: Suhrkamp Verlag.

Mertens, W. (1997). Psychotherapie-Repititorium zum Sammeln und zur Prüfungsvorbereitung. Nr. 2: Psychoanalytische Abwehrlehre (Teil 1). Psychotherapie, 2(1), 64–69.

Möller, H., Giernalczyk, T., & Hinn, D. (2015). Individuelle und kollektive Abwehrmechanismen im Coaching. In S. Greif et al. (Hrsg.), Handbuch Schlüsselkonzepte im Coaching. Berlin.

Moschner, B., & Dickhäuser, O. (2010). Selbstkonzept, in: D. H. Rost (Hrsg.): Handwörterbuch pädagogische Psychologie (S. 760–767). Beltz Verlag: Weinheim.

Mucha, A. (2016). If Emotional Labor meets Micropolitics. Strategisches Surface Acting im Umgang mit emotionalen Anforderungen in subjektivierten Arbeitskontexten. Arbeit. Zeitschrift für Arbeitsforschung, Arbeitsgestaltung und Arbeitspolitik, 25(1+2), 47–56.

Mummendey, H.-D. (1983). Selbstkonzept. In Frey D., & Greif, S. (Hrsg.), Sozialpsychologie. Ein Handbuch in Schlüsselbegriffen (S. 281–285). München.

Mummendey, H. D. (2006). Psychologie des ›Selbst‹. Theorien, Methoden und Ergebnisse der Selbstkonzeptforschung. Göttingen.

Nassehi, A. (2002). Der illusionslose Illusionist. Die Tageszeitung, 26.01.2002. Online unter https://taz.de/Der-illusionslose-Illusionist/!1128841/ (Zugriff: 12.12.2020).

Neuberger, O. (2006). Mikropolitik und Moral in Organisationen. Herausforderung der Ordnung. Lucius+Lucius Verlag: Stuttgart.

Neuberger, O., & Kompa, A. (1987). Wir, die Firma. Der Kult um die Unternehmenskultur. Weinheim: Beltz.

Rastetter, D. (2008). Zum Lächeln verpflichtet. Emotionsarbeit im Dienst-leistungsbereich. Frankfurt am Main, New York: Campus Verlag.

Sauer, D. (2012). Entgrenzung – Chiffre einer flexiblen Arbeitswelt – ein Blick auf den historischen Wandel von Arbeit. In Badura, B., Ducki, A., Schröder, H., Klose, J., & Meyer, M. (Hrsg.), Fehlzeiten-Report 2012. Zahlen, Daten, Analysen aus allen Branchen der Wirtschaft. Gesund-heit in der flexiblen Arbeitswelt: Chancen nutzen – Risiken minimieren (S. 3–13). Berlin: Springer.

Schein, E. H. (1984). Coming to a new awareness of organizational culture. Sloan Management Review, 25, 3–16.

Schreyögg, G. (2008). Organisation: Grundlagen moderner Organisations-gestaltung. Wiesbaden: Gabler.

Schütz, A., & Sellin, I. (2003). Selbst und Informationsverarbeitung. Zeit-schrift für Differentielle und Diagnostische Psychologie, 24(3), 151–161.

Seiffge-Krenke, I. (2017). Widerstand, Abwehr und Bewältigung. Göttin-gen: Vandenhoeck & Ruprecht.

Straus, F., & Höfer, R. (1997). Entwicklungslinien alltäglicher Identitäts-arbeit. In H. Keupp u. R. Höfer (Hrsg.), Identitätsarbeit heute. Klas-sische und aktuelle Perspektiven der Identitätsforschung (S. 270–307). Frankfurt am Main: Suhrkamp.

Strauss, A., Fagerhaugh, S., Suczek, B., & Wiener, C. (1985). Social Organi-zation of Medical Work. Chicago: The University of Chicago Press.

Strauss, A., Fagerhaugh, S., Suczek, B., & Wiener, C. (1980). Gefühlsarbeit. Ein Beitrag zur Arbeits- und Berufssoziologie. Kölner Zeitschrift für Soziologie und Sozialpsychologie, 32, 629–651.

Trice, H. M., & Beyer, J. M. (1984). Studying organizational cultures through rites and ceremonials. The Academy of Management Review, 9(4), 653–669.

Vaillant, G. E. (1977). Adaptation of Life. Boston: Little, Brown.

Vincent, S., & Janneck, M. (2012). Das Technikbezogene Selbstkonzept von Frauen und Männern in technischen Berufsfeldern: Modell und empiri-sche Anwendung. Journal Psychologie des Alltagshandelns, 5(1), 53–67.

BERATEN IN DER ARBEITSWELT

Klaus Eidenschink | Ulrich Merkes
Entscheidungen ohne Grund – Organisationen verstehen und beraten
Eine Metatheorie der Veränderung

2021. 114 Seiten mit 1 Abb., kartoniert
ISBN 978-3-525-40759-2

Angela Gotthardt-Lorenz
Organisationssupervision – ein Konzept
Erfahren, Verstehen und Mitgestalten organisationaler Interaktionen

2020. 105 Seiten mit 6 Abb. und 1 Tab., kartoniert
ISBN 978-3-525-40487-4

Rolf Haubl
Geld – Traum und Albtraum
Rüstzeug für den selbstkritischen Gebrauch

2019. 91 Seiten mit 1 Tab., kartoniert
ISBN 978-3-525-40677-9

Theresia Volk
Spielen, um zu gewinnen
Macht und Wirksamkeit in Organisationen

2019. 104 Seiten mit 9 Abb. und 2 Tab., kartoniert
ISBN 978-3-525-40488-1

Franziska Lamott
Schlüsselerfahrungen: Supervision im therapeutischen Strafvollzug

2019. 86 Seiten mit 2 Abb., kartoniert
ISBN 978-3-525-40494-2

Thomas Giernalczyk | Heidi Möller
Entwicklungsraum: Psychodynamische Beratung in Organisationen
Mit einem Vorwort von Mathias Lohmer.

2019. 109 Seiten mit 13 Abb. und 2 Tab., kartoniert
ISBN 978-3-525-40298-6

 Vandenhoeck & Ruprecht Verlage
www.vandenhoeck-ruprecht-verlage.com

Beraten in der Arbeitswelt

Ronny Jahn | Andreas Nolten
Berufe machen Kleider
Dem Geheimnis berufsspezifischen Anziehens auf der Spur

2018. 96 Seiten mit 8 Abb.,
kartoniert
ISBN 978-3-525-40625-0

Herbert Effinger
Beratung in der Sozialwirtschaft
Ungewissheiten als Chance kreativer Problemlösungsstrategien

2018. 114 Seiten mit 7 Abb. und 2 Tab., kartoniert
ISBN 978-3-525-40623-6

Falko von Ameln
Führung und Beratung
Kognitive Landkarten durch die Welt der Führung für Coaching, Supervision und Organisationsberatung

2018. 132 Seiten mit 13 Abb. und 7 Tab., Paperback
ISBN 978-3-525-45257-8

Daniela Rastetter |
Christiane Jüngling
Frauen, Männer, Mikropolitik
Geschlecht und Macht in Organisationen

2018. 96 Seiten mit 2 Abb.,
kartoniert
ISBN 978-3-525-45250-9

Stefan Busse | Erhard Tietel
Mit dem Dritten sieht man besser
Triaden und Triangulierung in der Beratung

2018. 108 Seiten mit 20 Abb., kartoniert
ISBN 978-3-525-49162-1

Rolf Haubl
Emotionen bei der Arbeit
Reflexionshilfen für Beratende

2018. 92 Seiten, kartoniert
ISBN 978-3-525-40293-1

Alle Bände sich auch als eBook erhältlich.
Mehr Infos, Leseproben und Bestellmöglichkeit

vdn.hk/arbeitswelt

 **Vandenhoeck & Ruprecht** Verlage
www.vandenhoeck-ruprecht-verlage.com

BERATEN IN DER ARBEITSWELT

Wirtschaftliche Globalisierung und Migration stellen auch die Beratungswelt vor veränderte Herausforderungen: Immer häufiger ist auf Seiten der Beratenden interkulturelle Kompetenz gefordert. Die Fähigkeit zum Perspektivwechsel ist somit umso wichtiger! Der Autor Stefan Schmid bietet einen selbstreflexiven Zugang, um kulturelles Wissen zu erweitern, Lücken und Vorbehalte zu erkennen und eine kultursensible Gesprächsführung aufzubauen. Diese zielt nicht darauf ab, alles zu wissen, sondern die richtigen Fragen zu stellen.

 **Vandenhoeck & Ruprecht** Verlage
www.vandenhoeck-ruprecht-verlage.com